팔복

행복한 사람들의 삶

믿음의 다음 세대를 향한
고등학교 교목의 팔복 메시지

| 김호진 지음 |

쿰란출판사

팔복

행복한 사람들의 삶

머리말

　팔복은 예수님께서 갈릴리 호숫가가 있는 산 위에서 여덟 가지의 행복을 설교하신 내용입니다. 그리고 하나님의 자녀로서 이미 복을 받은 자라는 선언과 함께 삶의 윤리적 요구를 수반하고 있습니다.

　팔복은 마음을 고운 땅, 거룩한 땅 되게 하여 기쁨과 평안을 누리며 행복한 삶을 살게 합니다. 또한 예수님의 마음이 내 안에 심겨져 열매가 되고 하나님의 나라와 뜻을 이루게 합니다.

　이렇게 소중하고 귀한 팔복의 말씀을 부족한 종이 믿음의 지침서로 새롭게 쓸 수 있도록 힘이 되어 주시며 여기까지 키워 주신 주님께 모든 영광을 올려 드립니다.

　제가 교목校牧으로 있는 전주기전여자고등학교는 1900년 4월 24일, 'ㄱ자 교회'로 유명한 김제 금산교회의 설립자인 루이스 테이트 선교사의 여동생인 매티 테이트 선교사가 설립하였습니다. 또한 테이트 선교사의 부인인 마티 잉골드1867~1962 선교사는 전주 예수병원1898년을 설립하였습니다.

　전주에 기전학교기전중, 기전여고, 신흥학교신흥중, 신흥고등학교, 예수병원은 이 지역에 하나님의 나라가 이루어지기를 소망하며 복음의 한 알의 밀알이 되었던 선교사님들의 열매입니다. 두 학교는 일제에 항거한 3·1 만세운동과 광주학생운동의 주역이 되었을 뿐 아니라 신사 참배에 항거하여 자진 폐교했던 역사와 전통이 있는 자랑스러운 학교입니다. 이렇게 역사와 전통이 있는 학교를 섬기게 하신 하나님께 감사를 드립니다.

또한 담임목사로 섬기고 있는 행복한사람들의교회는 선교사님들의 섬김과 헌신의 터전 위에 하나님의 나라와 영광을 위하여 더욱 아름다운 열매를 맺게 하기 위해 기전학교 채플실에 세워진 교회입니다.

《팔복_행복한 사람들의 삶》의 내용을 보면, 팔복에 대해서 일반적인 해석을 했고, 하나님의 나라와 뜻이 이루어지기를 소망하며 살았던 분들의 삶들을 제가 쓴 예화집 세 권에서 옮겨 담았습니다.

이 책은 그동안 고등학교 수업 시간과 행복한사람들의교회에서 주일 예배를 드리며 말씀으로 나누었던 내용들로 청소년들

뿐만 아니라 장년부의 신앙교육 교재로도 좋은 안내서가 될 것입니다.

　이 책의 내용들은 전적으로 저의 것만은 아닙니다. 그동안 존경하는 목사님들의 신학적인 연구와 말씀들을 모아 놓았던 다양한 자료들로 정리하다 보니 미처 정확한 출처를 밝히지 못한 부분에 대해서 죄송한 마음이 있습니다.

　그리고 부족한 종이 오늘에 있기까지 스승이 되어 주신 임진래 목사님, 한혁주 목사님, 고故 오희석 목사님, 한홍석 목사님, 김유수 목사님께 감사를 드립니다. 또한 행복한사람들의교회 장인균 장로님, 나병조 장로님, 강만희 장로님, 이재우 목사님, 모든 성도님들과 기전중, 기전여고 모든 교직원들에게 감사를 드립니다.

　책을 낼 때마다 가족사진을 촬영해 준 좋은 친구 나종일 목사님 부부와 제가 지은 모든 책의 교정을 맡아 주신 전 군산영광여고 교장이셨던 수필가 김경곤 장로님과 군산영광학원 이사장이신 안이실 권사님에게 깊은 감사를 드립니다.

특별히 평생 이 부족한 아들을 위해 희생하신 부모님과 힘이 되어 준 동생들의 가정과 사랑하는 아내와 세 자녀 성민, 영민, 소민이에게도 감사의 마음을 전합니다.

바라기는 여기에서 팔복의 말씀을 해석하고 나누는 내용들이 내 안에 하나님의 마음으로 새겨져서 세상 속에 아름다운 꽃을 피우는 신앙의 좋은 지침서가 되기를 소망합니다.

2022년 4월 3일
전주기전여고 교목실에서 김호진

 차례

머리말 _ 4

행복한 사람들의 삶
"팔복은 예수님께서 행복한 사람들의 삶에 대해서 말씀하신 내용입니다" 15

첫 번째 복
"심령이 가난한 자는 복이 있나니 천국이 그들의 것임이요" 45

두 번째 복
"애통하는 자는 복이 있나니 그들이 위로를 받을 것임이요" 69

세 번째 복
"온유한 자는 복이 있나니 그들이 땅을 기업으로 받을 것임이요" 97

네 번째 복
"의에 주리고 목마른 자는 복이 있나니 그들이 배부를 것임이요" 117

다섯 번째 복

"긍휼히 여기는 자는 복이 있나니 그들이 긍휼히 여김을 받을 것임이요" 135

여섯 번째 복

"마음이 청결한 자는 복이 있나니 그들이 하나님을 볼 것임이요" 153

일곱 번째 복

"화평하게 하는 자는 복이 있나니
그들이 하나님의 아들이라 일컬음을 받을 것임이요" 175

여덟 번째 복

"의를 위하여 박해를 받는 자는 복이 있나니 천국이 그들의 것임이라" 197

팔복 _{마태복음 5:1-12, 개역개정}

1. 예수께서 무리를 보시고 산에 올라가 앉으시니 제자들이 나아온지라
2. 입을 열어 가르쳐 이르시되
3. 심령이 가난한 자는 복이 있나니 천국이 그들의 것임이요
4. 애통하는 자는 복이 있나니 그들이 위로를 받을 것임이요
5. 온유한 자는 복이 있나니 그들이 땅을 기업으로 받을 것임이요
6. 의에 주리고 목마른 자는 복이 있나니 그들이 배부를 것임이요
7. 긍휼히 여기는 자는 복이 있나니 그들이 긍휼히 여김을 받을 것임이요
8. 마음이 청결한 자는 복이 있나니 그들이 하나님을 볼 것임이요
9. 화평하게 하는 자는 복이 있나니 그들이 하나님의 아들이라 일컬음을 받을 것임이요
10. 의를 위하여 박해를 받는 자는 복이 있나니 천국이 그들의 것임이라
11. 나로 말미암아 너희를 욕하고 박해하고 거짓으로 너희를 거슬러 모든 악한 말을 할 때에는 너희에게 복이 있나니
12. 기뻐하고 즐거워하라 하늘에서 너희의 상이 큼이라 너희 전에 있던 선지자들도 이같이 박해하였느니라

여덟 가지 복 마태복음 5:1-12, 쉬운성경

1. 예수님께서 사람들을 보시고 산으로 올라가 앉으셨습니다. 그러자 제자들이 예수님께 다가왔습니다.

2. 예수님께서 입을 열어 사람들을 가르치셨습니다.

3. 마음이 가난한 사람은 복이 있다. 하늘 나라가 그들의 것이다.

4. 슬퍼하는 사람은 복이 있다. 그들이 위로를 받을 것이다.

5. 마음이 온유한 사람은 복이 있다. 그들이 땅을 상속받을 것이다.

6. 의를 위해 주리고 목마른 사람은 복이 있다. 그들이 배부를 것이다.

7. 자비로운 사람은 복이 있다. 그들이 하나님의 자비를 입을 것이다.

8. 마음을 깨끗이 한 사람은 복이 있다. 그들이 하나님을 볼 것이다.

9. 평화를 위해 일하는 사람은 복이 있다. 그들이 하나님의 아들이라고 불릴 것이다.

10. 의롭게 살려고 하다가, 박해를 받는 사람은 복이 있다. 하늘나라가 그들의 것이다.

11. 사람들이 나 때문에 너희를 모욕하고 박해하고 온갖 나쁜 말을 할 때, 너희에게 복이 있다.

12. 기뻐하고 즐거워하여라. 하늘에서 너희의 상이 크다. 너희보다 먼저 살았던 예언자들도 이처럼 박해를 받았다.

The Beatitudes Matthew 5:1–12, NIV

1. Now when Jesus saw the crowds, he went up on a mountainside and sat down. His disciples came to him,
2. and he began to teach them saying:
3. Blessed are the poor in spirit, for theirs is the kingdom of heaven.
4. Blessed are those who mourn, for they will be comforted.
5. Blessed are the meek, for they will inherit the earth.
6. Blessed are those who hunger and thirst for righteousness, for they will be filled.
7. Blessed are the merciful, for they will be shown mercy.
8. Blessed are the pure in heart, for they will see God.
9. Blessed are the peacemakers, for they will be called sons of God.
10. Blessed are those who are persecuted because of righteousness, for theirs is the kingdom of heaven.
11. Blessed are you when people insult you, persecute you and falsely say all kinds of evil against you because of me.
12. Rejoice and be glad, because great is your reward in heaven, for in the same way they persecuted the prophets who were before you.

팔복 <small>헬라어</small>

1. Ἰδὼν δὲ τοὺς ὄχλους ἀνέβη εἰς τὸ ὄρος· καὶ καθίσαντος αὐτοῦ προσῆλθαν αὐτῷ οἱ μαθηταὶ αὐτοῦ·

2. καὶ ἀνοίξας τὸ στόμα αὐτοῦ ἐδίδασκεν αὐτοὺς λέγων,

3. Μακάριοι οἱ πτωχοὶ τῷ πνεύματι, ὅτι αὐτῶν ἐστιν ἡ βασιλεία τῶν οὐρανῶν.

4. μακάριοι οἱ πενθοῦντες, ὅτι αὐτοὶ παρακληθήσονται.

5. μακάριοι οἱ πραεῖς, ὅτι αὐτοὶ κληρονομήσουσιν τὴν γῆν.

6. μακάριοι οἱ πεινῶντες καὶ διψῶντες τὴν δικαιοσύνην, ὅτι αὐτοὶ χορτασθήσονται.

7. μακάριοι οἱ ἐλεήμονες, ὅτι αὐτοὶ ἐλεηθήσονται.

8. μακάριοι οἱ καθαροὶ τῇ καρδίᾳ, ὅτι αὐτοὶ τὸν θεὸν ὄψονται.

9. μακάριοι οἱ εἰρηνοποιοί, ὅτι αὐτοὶ υἱοὶ θεοῦ κληθήσονται.

10. μακάριοι οἱ δεδιωγμένοι ἕνεκεν δικαιοσύνης, ὅτι αὐτῶν ἐστιν ἡ βασιλεία τῶν οὐρανῶν.

11. μακάριοί ἐστε ὅταν ὀνειδίσωσιν ὑμᾶς καὶ διώξωσιν καὶ εἴπωσιν πᾶν πονηρὸν καθ᾽ ὑμῶν ψευδόμενοι, ἕνεκεν ἐμοῦ·

12. χαίρετε καὶ ἀγαλλιᾶσθε, ὅτι ὁ μισθὸς ὑμῶν πολὺς ἐν τοῖς οὐρανοῖς· οὕτως γὰρ ἐδίωξαν τοὺς προφήτας τοὺς πρὸ ὑμῶν.

행복한 사람들의 삶

"팔복은
예수님께서
행복한 사람들의 삶에 대해서
말씀하신 내용입니다."

창문 열기

예수님의 '산상설교', '산상수훈山上垂訓'이 마태복음 5장, 6장, 7장에 기록되어 있습니다. 산상설교는 '기독교의 대헌장', '천국의 대헌장', '기독교 윤리의 근본', '수백 개의 보석으로 꾸며진 왕관'이라고 불립니다. 또한 예수님의 삶 전체를 요약해 놓은 말씀으로 이 땅에서 행해진 가장 아름답고 위대한 설교입니다.

　팔복八福: The Beatitudes은 예수님께서 산상설교 중에 본론적인 내용을 언급하기 전 서두에서 말씀하신 여덟 가지 복 이야기입니다. 팔복은 천국을 소유한 하나님의 사람들이 이미 복을 받은 자라는 선언이고, 하나님의 자녀들이 살아가야 할 삶의 기준과 원리를 선포한 말씀입니다.

마태복음과 누가복음의 팔복

팔복은 예수님의 산상설교 안에 기록되어 있는 말씀입니다. 마태복음에는 5장 3-10절에 기록되어 있고, 병행 구절은 누가복음 6장 20-26절입니다.

마태복음 5장 3-10절
"심령이 가난한 자는 복이 있나니 천국이 그들의 것임이요
애통하는 자는 복이 있나니 그들이 위로를 받을 것임이요
온유한 자는 복이 있나니 그들이 땅을 기업으로 받을 것임이요
의에 주리고 목마른 자는 복이 있나니 그들이 배부를 것임이요
긍휼히 여기는 자는 복이 있나니 그들이 긍휼히 여김을 받을 것임이요
마음이 청결한 자는 복이 있나니 그들이 하나님을 볼 것임이요
화평하게 하는 자는 복이 있나니 그들이 하나님의 아들이라
일컬음을 받을 것임이요
의를 위하여 박해를 받은 자는 복이 있나니 천국이 그들의 것임이라."

누가복음 6장 20-26절
"예수께서 눈을 들어 제자들을 보시고 이르시되
너희 가난한 자는 복이 있나니 하나님의 나라가 너희 것임이요
지금 주린 자는 복이 있나니 너희가 배부름을 얻을 것임이요

행복한 사람들의 삶 _ "팔복은 예수님께서 행복한 사람들의 삶에 대해서 말씀하신 내용입니다."

> 지금 우는 자는 복이 있나니 너희가 웃을 것임이요
> 인자로 말미암아 사람들이 너희를 미워하며 멀리하고 욕하고
> 너희 이름을 악하다 하여 버릴 때에는 너희에게 복이 있도다
> 그날에 기뻐하고 뛰놀라 하늘에서 너희 상이 큼이라
> 그들의 조상들이 선지자들에게 이와 같이 하였느니라
> 그러나 화 있을진저 너희 부요한 자여
> 너희는 너희의 위로를 이미 받았도다
> 화 있을진저 너희 지금 배부른 자여 너희는 주리리로다
> 화 있을진저 너희 지금 웃는 자여 너희가 애통하며 울리로다
> 모든 사람이 너희를 칭찬하면 화가 있도다
> 그들의 조상들이 거짓 선지자들에게 이와 같이 하였느니라."

산상설교가 기록된 시기는, 마태복음을 보면 예수님이 공생애를 시작하고 마태를 부르기 전마 9:9에 하신 말씀입니다. 누가복음을 보면 열두 제자를 선택하신 직후눅 6:13에 기록된 말씀입니다.

우리가 염두에 두어야 할 것은, 산상설교와 같이 중요한 말씀을 예수님께서 이 장소에서 우연히 한 번만 하신 것이 아니라 반복적으로 제자들에게 가르치셨다고 볼 수 있다는 것입니다. 마태복음은 산상설교를 5장, 6장, 7장에 연속적으로 기록하고 있지만 누가복음은 6장, 11장, 13장 등 사이마다 문맥을 따라 분산 배치하여 기록하고 있습니다. 이 사실로 미루어 보아 공생

애 기간 많은 곳에서 선포하신 말씀을 포괄적으로 정리하여 기록하였음을 짐작할 수 있습니다. 또한 예수님이 하신 말씀을 그 자리에서 기록하신 것이 아니라 제자들과 교회공동체가 설교 말씀들을 기억하며 자료들을 모아서 편집하여 기록으로 남긴 것입니다.

산상설교의 전체적인 내용을 포함해서 팔복은 예수님의 성품과 삶을 요약해 놓은 발자취입니다. 또한 우리가 살아가야 하고 따라가야 할 신앙인의 지시표입니다.

배경과 상황

예수님 당시의 정치적, 경제적, 사회와 역사적 배경을 살펴봅시다. 먼저 정치적으로 예수님께서 이 땅에 오실 때 이스라엘은 로마의 식민지로서 압제에 시달리고 있었습니다. 백성들은 가난하고 병들어 고통 속에서 살았을 뿐만 아니라 불의와 폭력 그리고 억압과 착취에 시달리며 살았습니다.

그래서 그들은 자신들을 정치적으로 구원해 줄 메시아를 기다리고 있었습니다. 그러나 예수님은 "내 나라는 이 세상에 속한 것이 아니니라"요 18:36라고 하여 하나님의 나라는 외적인 것이 아니라 내적이고 영적인 것임을 말씀하며, 참된 자유와 구원과 해방을 위해 메시아로 오셨음을 선포하셨습니다. 예수님은 그 땅 가운데 하나님의 나라를 선포하시고 사람들을 구원해주시며 하나님의 나라를 확장시켜 나가셨습니다.

예수님은 공생애를 시작하면서 갈릴리 지역을 두루 다니며 하나님의 나라와 복음을 전하셨습니다. 많은 사람들의 아픔과 질병을 고치며 기적을 행하시자 많은 사람들이 예수님을 따라 왔고 모여들었습니다.

> 마태복음 4장 24-25절
> "그의 소문이 온 수리아에 퍼진지라 사람들이 모든 앓는 자 곧 각종 병에 걸려서 고통 당하는 자, 귀신 들린 자, 간질하는 자, 중풍병자들을 데려오니 그들을 고치시더라 갈릴리와 데가볼리와 예루살렘과 유대와 요단 강 건너편에서 수많은 무리가 따르니라."

종교적 배경을 보면, 당시 유대 종교 지도자들은 진리를 종교의 규례와 전통으로 바꾸어서 사람들을 속이는 수단으로 만들었고, 종교와 권력이 한 편이 되어 하나님의 영광을 들먹이며 자기들 배를 채웠습니다. 때로는 로마의 압제자들과 야합하여 백성들을 수탈하였습니다.

이러한 유대 종교 지도자들의 위선과 탐욕을 지적하시는 예수님을 그들은 눈엣가시와 같은 존재로 여기고 흠집을 찾아내 올무에 빠뜨리려고 하였습니다.

예수님께서는 특히 유대 지도자들과 바리새인, 서기관들의 외식과 불의를 지적하시면서 그들이 받을 심판이 크다고 신랄하게 지적하셨고, 그들은 예수님을 나사렛 이단의 괴수라고 시기하며 미워했습니다.

그러나 죄인과 세리와 어부 등 순수한 하층민들은 예수님을 선지자로 여기고 따랐습니다. 예수님은 가난하고, 병들고, 힘 없고, 관심받지 못하는 보잘것없는 그들에게 하나님의 복음을 전하셨습니다.

예수님은 갈릴리 호수가 내려다보이는 핫틴 산Mt. Hattin 위에 위치한 현재 팔복산Mt. Beatitudes에 앉으셨고, 예수님을 사랑하며 따르던 제자들과 많은 사람들에게 산상설교를 하셨습니다. '산상설교'라는 명칭은 성 어거스틴St. Aurelius Augustinus, 354~430이 산 위에서 예수님께서 하신 말씀이라고 부른 데서 유래하였고, 16세기 종교개혁자들에 의해 용어가 정착되었습니다.

내용과 구조

산상설교의 5장, 6장, 7장은 영원한 구원을 받은 하나님의 사람들이 어떻게 천국을 누리고 살 것인지에 대한 삶의 원리, 기준을 제시한 말씀입니다.

> 산상수훈의 내용 5, 6, 7장
> 5장 1-12절: 복이 있는 사람 팔복
> 5장 13-16절: 소금이요 빛 아버지께 영광
> 5장 17-48절: 예수님과 율법 살인, 간음, 이혼, 맹세, 원수 사랑
> 6장 1-18절: 참된 경건과 신앙생활 구제, 기도 생활, 주기도문, 금식
> 6장 19-34절: 성도의 재물관 염려와 하나님 신앙
> 7장 1-6절: 비판하지 말라 내 눈 속의 들보
> 7장 7-12절: 기도에 확신 구하라 찾으라 두드리라
> 7장 13-14절: 두 가지의 길 좁은 문과 넓은 문
> 7장 15-20절: 거짓 선지자의 분별과 경계 아름다운 열매
> 7장 21-29절: 반석 위의 집 모래 위에 집을 지은 사람

산상설교의 구조를 보면, 유대적 성향이 강한 마태복음은 모세와 예수님을 유형론적으로 대조시키며 예수님이 모세보다 더 위대한 권위를 가진 진정한 메시아로 소개하고 있습니다. 예수님이 산 위에서 말씀을 전하시는 것도 모세가 시내산에서 율법을 선포한 것을 대조하며 예수님이 모세보다 더 큰 분임을 보여

주고 있습니다.

마태복음의 전체적인 내용 구조를 보아도 모세의 오경처럼 예수님의 5대 설교(산상설교 5-7장, 제자 파송 설교 10장, 천국 비유 설교 13장, 교회 설교 18장, 종말 설교 24-25장)가 기록되어 있습니다. 이것은 구약의 모세오경의 구조를 보여 주고 있습니다(벤자민 베이컨은 마태오경이라고 주장함).

<마태복음 팔복 구조>

하나님과의 관계	이웃과의 관계
십계명 1-4계명	십계명 5-10계명
팔복 1-4복	팔복 5-8복
심령이 가난한 자	긍휼히 여기는 자
애통하는 자	마음이 청결한 자
온유한 자	화평하게 하는 자
의에 주리고 목마른 자	의를 위하여 박해를 받은 자

구약성경에서 율법의 핵심이 십계명이라면 신약성경에서 산

상설교의 핵심적인 요약이 팔복이라고 할 수 있습니다. 십계명 1-4계명은 하나님과의 관계이고, 5-10계명은 이웃과의 관계를 말씀하고 있습니다. 마태복음도 앞에 나오는 사복四福은 하나님과의 관계이고 뒤에 나오는 사복四福은 이웃과의 관계를 말씀하고 있습니다.

그런데 어떤 성서학자들은 마태복음 5장 3-10절에 이어 11-12절 말씀을 포함하여 구복九福 설교라고 말하기도 합니다. 그러나 이 말씀은 여덟 번째 복과 팔복 전체를 보충한 내용으로 보는 것이 자연스럽다고 할 수 있습니다.

> 마태복음 5장 11-12절
> "나로 말미암아 너희를 욕하고 박해하고
> 거짓으로 너희를 거슬러
> 모든 악한 말을 할 때에는 너희에게 복이 있나니
> 기뻐하고 즐거워하라
> 하늘에서 너희의 상이 큼이라
> 너희 전에 있던 선지자들도 이같이 박해하였느니라."

누가복음은 네 개의 복과 대칭해 네 개의 화四福四禍를 이중 구조의 문장으로 제시하고 있습니다.

<누가복음의 구조>

가난한 자	부요한 자
주린 자	배부른 자
우는 자	웃는 자
미움받고 버림받은 자	칭찬받는 자

   누가복음은 가난하고 소외된 사람들과 이방인을 향한 복음서라고 할 수 있습니다. 그래서 마태복음의 '심령이 가난한 자'를 누가복음에서는 '가난한 자'라고 표현합니다. '의에 주리고 목마른 자'란 표현도 '굶주린 자'로 표현하고 있습니다. 누가복음은 가난한 자에게 주어지는 복과 부요한 자에게 주어지는 저주 선언을 담고 있습니다.

   마태복음에서는 산상설교의 장소는 산 위에서 전하셨다고 하는데, 누가복음에는 평지에서 말씀을 전하시는 것으로 되어 있습니다. 이것은 가난하고 병들어 소외된 사람들이 머물 수 있는 장소를 평지로 표현한 것입니다.

   사실 이스라엘에서는 산이나 평지의 차이가 크게 나지 않기에, 나지막한 야산野山을 산으로 보기도 하고 평지로 보기도 합니다. 여기에서 예수님이 말씀을 전하셨는데 장소를 표현하는 것이나 내용과 구조는 저자인 마태와 누가의 기록 의도와 그들이 속한 교회공동체의 환경과 상황에 따라 예수님이 말씀하신 내용을 확대하거나 축소하거나 삭제하면서 차이가 생겼다고 볼 수 있습니다.

마태복음 산상설교과 누가복음 평지설교에서 많은 유사점과 차이점을 발견할 수 있지만 그 모든 말씀의 조각들이 모여서 예수님의 말씀들을 더욱 깊이 있고 선명하게 드러나도록 보여 주고 있습니다.

갈릴리 지역과 팔복교회

갈릴리 지역

갈릴리란 팔레스타인 북부 지역에 갈릴리 호수를 끼고 있는 산지수 20:7; 왕상 9:11; 대상 6:26를 말합니다.

갈릴리는 이스라엘의 가나안 정복 후 납달리 지파에게 주어졌습니다. 그곳에는 가나안 원주민들이 많이 남아 있었고 전쟁과 가난이 끊이지 않았으며 이방인들과 결혼하여 혼혈인들도 많았습니다. 그래서 정통 유대인들로부터 무시를 당하기도 했던, 소외된 곳입니다. 유대인들은 갈릴리를 '이방의 갈릴리'사 9:1

라고 부르기도 했습니다. 또한 산악 지대라는 지형적 특성 때문에 반란자나 혁명가들이 근거지로 삼아 활동하기도 했습니다.

갈릴리 호수가 있는 지역과 주변은 예수님이 제자들을 부르신 사역의 중심지였고, 오병이어의 기적을 행하신 벳새다와 가버나움이 있었으며, 조금 떨어진 지역에는 예수님이 어린 시절을 보낸 나사렛 동네와 가나 혼인잔치를 베푸셨던 장소가 있습니다. 그리고 예수님이 부활하여 제자들을 갈릴리 호숫가로 불러내어 그들을 다시 만나셨습니다.

예수님이 말씀을 전하신 팔복산은 갈릴리 호수Sea of Galilee가 한눈에 보이며 주변의 자연 풍경이 아름다운 곳입니다. 구약성경에는 긴네렛 바다민 34:11, 긴네롯 바다수 12:3로 불렸고, 예수님 당시에는 게네사렛 호수눅 5:1, 갈릴리 바다마 4:18라고 불렸는데 히브리어로 '갈'은 둥근 것원, 반지, 고리을 의미합니다.

갈릴리 호수 게네사렛, 디베랴 바다

갈릴리 호수는 바다라고 표현할 만큼 넓어서 성경에서는 호수와 바다를 혼용하여 사용하고 있습니다.

게네사렛이라는 이름은 갈릴리 바다의 모양이 '킨노르' Kinnor, 즉 수금harp 모양과 같다고 해서 붙여진 이름입니다. 디베랴 바다요 6:1는 헤롯 왕이 로마 황제 디베랴에게 총애를 받기 위해 갈릴리 해변에 아름다운 도시를 건축하여 바쳤는데 디베랴 앞에 있는 바다이기 때문에 붙여진 이름입니다.

갈릴리 호수의 둘레는 약 53킬로미터이고, 수심의 평균 깊이는 약 26미터, 면적 약 166제곱킬로미터, 남북으로 직선거리 21킬로미터, 동서 11킬로미터, 수심 약 44미터, 해수면 210미터로 세계에서 가장 낮은 바다로 알려져 있습니다.

갈릴리 호수 북쪽에 위치한 산이 헬몬 산인데 이스라엘에서 지리적으로 가장 높은 산2,814m입니다. 그곳에서 발원하여 흐르는 물줄기가 세니르 강, 단 강, 바니아스 강 등 세 강을 따라 흐르다가 요단에서 내려온다는 뜻을 가진 요단강을 거쳐 합류되는 곳이 바로 갈릴리 호수입니다. 한편 헬몬 산에서 내려오는 차가운 공기가 훌라 골짜기를 타고 내려오면서 갈릴리 호수의 따뜻한 표면과 만나면 이상기류가 형성되어 갑작스러운 풍랑을 발생시키기도 합니다마 8:24; 막 4:37.

이스라엘은 갈릴리 호수를 기점으로 하여 1964년에 국립 수로가 북부에서 남부로 전국에 완공되면서 이스라엘 전체 물 소비량의 60퍼센트 이상을 공급하고 있습니다. 호수 깊은 곳에는 50여 종의 물고기들이 살며, 한국의 큰 붕어와 비슷한 베드로 고기는 성지순례자들에게도 귀한 양식이 되고 있습니다.

지금도 고기를 잡는 어부들과 갈매기들이 있습니다. 또한 호수 주변엔 해마다 갈릴리 호수를 가로지르는 수영대회가 열립니다. 갈릴리 호수 주변은 경치가 푸르고 아름다울 뿐 아니라 각종 채소와 과일 농사가 잘 됩니다.

예수님은 유대 광야와는 전혀 다른 갈릴리 호수와 주변에서 공생애 기간 많은 사람들을 만나고 그들을 치유하며 회복시키셨습니다. 갈릴리 호수와 같이 하늘의 양식을 먹이며 생명의 공급처가 되셨고 행복의 근원이 되셨습니다.

갈릴리 호수는 예수님이 풍랑을 잔잔하게 하시고 물 위를 걸으며 기적을 행하신 사역들을 지금까지도 잘 담아 두고 있는 곳입니다.

팔복교회

팔복교회는 갈릴리 호수 북서부 해안으로 가버나움과 게네사렛 사이에 위치한 핫틴 산Mt. Hattin 위쪽 팔복산Mt. Beatitudes에 세워져 있습니다. 갈릴리 호수가 내려다보이는 이곳은 오병이어의 기적이 있었던 장소와 3킬로미터 거리에 있습니다.

팔복교회는 A.D. 4세기경 비잔틴제국 시기에 세워졌습니다. 그러나 614년 페르시아에 의해 파괴되었고, 지금의 교회는 프란치스코 수녀회가 이탈리아의 지원을 받아 무너진 교회 터 위에 1939년 세웠으며, 설계는 건축가 안토니오 바를루치Antonio Barluzzi, 1884~1960가 했습니다.

팔복교회 내부는 둥근 돔 형태로 되어 있고 높은 천장의 파란색은 하늘을 뜻하며 주변의 황금색은 하나님의 나라를 상징하고 있습니다. 유리 창문은 8개의 스테인글라스로 되어 있는데 팔복을 상징하는 팔각형으로 건축되어 있고 팔복의 내용이 라틴어로 기록되어 있습니다. 또한 교회 바닥에는 일곱 가지 덕인 믿음, 소망, 사랑, 지혜, 정의, 용기, 절제를 기록한 모자이크가 있습니다.

팔복교회 안에는 원형 구조의 장의자가 놓여 있어서 예배를 드릴 수 있게 해놓았습니다. 그리고 강단에 십자가 상이 있고 받치고 있는 조형물도 팔각형으로 되어 있습니다. 팔복교회 건물은 그 지역에서 나는 검은 빛 현무암을 사용해서 전체적으로 검정색을 띠고 있습니다. 팔복교회 건물에는 많은 기둥이 세워져 있고 주변에는 넓은 초원이 있으며 갈릴리 바다가 아름답게 펼쳐져 있습니다.

예수님은 아침에는 갈릴리 호수에서 육지로 바람이 불어오는 것을 이용하여 배에 올라가서 갈릴리 호수를 등지고 수천 명의 많은 사람들이 선명하게 들을 수 있도록 전하셨습니다. 오후 시간에는 육지에서 호수로 바람이 불어 내려가는 것을 이용하며 팔복교회가 자리한 언덕에서 효과적으로 말씀을 전하셨습니다.

행복한
사람들의 삶

구약성경에는 하나님께서 많은 복을 이야기하고 있습니다.

하나님께서 사람을 만드시고 가장 먼저 주신 복이 창세기 1장 27-28절입니다. 그리고 창세기 12장 2절에서 아브라함에게 주어진 복을 넘어서 그를 매개로 하여 우리 안에 주님의 복이 채워지고 온 세상 사람들에게 복의 전달자가 되어 모든 사람들이 복을 받게 된다고 말씀합니다. 신명기 28장에도 하나님의 말씀에 순종하기만 하면 많은 복을 주겠다고 약속하십니다. 여호수아 1장 8절에도 하나님의 말씀을 묵상하며 기록된 대로 지켜 행하는 것이 복을 받는 비결임을 말씀하고 있습니다.

창세기 1장 27-28절
"하나님이 자기 형상 곧 하나님의 형상대로 사람을 창조하시되 남자와 여자를 창조하시고 하나님이 그들에게 복을 주시며 하나님이 그들에게 이르시되 생육하고 번성하여 땅에 충만하라,

땅을 정복하라, 바다의 물고기와 하늘의 새와 땅에 움직이는
모든 생물을 다스리라 하시니라."

창세기 12장 1-3절
"여호와께서 아브람에게 이르시되
너는 너의 고향과 친척과 아버지의 집을 떠나
내가 네게 보여 줄 땅으로 가라 내가 너로 큰 민족을 이루고
네게 복을 주어 네 이름을 창대하게 하리니
너는 복이 될지라
너를 축복하는 자에게는 내가 복을 내리고
너를 저주하는 자에게는 내가 저주하리니
땅의 모든 족속이 너로 말미암아 복을 얻을 것이라 하신지라."

신명기 28장 2-6절
"네가 네 하나님 여호와의 말씀을 청종하면
이 모든 복이 네게 임하며 네게 이르리니
성읍에서도 복을 받고 들에서도 복을 받을 것이며
네 몸의 자녀와 네 토지의 소산과 네 짐승의 새끼와
소와 양의 새끼가 복을 받을 것이며
네 광주리와 떡 반죽 그릇이 복을 받을 것이며
네가 들어와도 복을 받고 나가도 복을 받을 것이니라."

여호수아 1장 8절
"이 율법책을 네 입에서 떠나지 말게 하며
주야로 그것을 묵상하여
그 안에 기록된 대로 다 지켜 행하라
그리하면 네 길이 평탄하게 될 것이며 네가 형통하리라."

구약성경은 하나님과 동행하고 율법을 잘 지키며 말씀을 따라 살면 이 땅에서 내가 행하고 관여하는 모든 것들이 복이 되어, 자녀를 많이 낳고 오래 살게 되며 명예와 물질적으로 풍요를 누리는 현세적인 개념을 복의 주제로 말씀합니다.

신약성경은 이와 반대로 오히려 마태복음 5장 3절에서 '가난한 자가 복이 있고', 11-12절에도 '욕을 먹으며 박해받는 것이 복이 있다'라고 말씀합니다. 6장 11절에도 '그날의 일용할 양식만을 구하라'고 합니다. 19절에도 '보물을 땅에 쌓아 두지 말라'고 말씀합니다.

마태복음 5장 3, 11-12절
"심령이 가난한 자는 복이 있나니 천국이 그들의 것임이요…
나로 말미암아 너희를 욕하고 박해하고
거짓으로 너희를 거슬러 모든 악한 말을 할 때에는
너희에게 복이 있나니 기뻐하고 즐거워하라
하늘에서 너희의 상이 큼이라
너희 전에 있던 선지자들도 이같이 박해하였느니라."

마태복음 6장 11, 19절
"오늘 우리에게 일용할 양식을 주시옵고…
너희를 위하여 보물을 땅에 쌓아 두지 말라
거기는 좀과 동록이 해하며 도둑이 구멍을 뚫고 도둑질하느니라."

신약성경에서는 예수님이 이 땅에 오셔서 하나님의 나라를 말씀하면서 복의 개념이 바뀌었습니다.

예수님은 공생애를 시작하며 하신 첫 선포가 마태복음 4장 17절 "회개하라 천국이 가까이 왔느니라"라는 말씀입니다. 이 말씀은 하나님의 나라가 이미 우리에게 임하였고 그 나라가 시작되었으며, 우리가 회개하면 하나님의 백성이 됨을 선포하신 것입니다. 예수님이 이 땅에 오신 목적이 하나님 나라의 선포입니다.

사도 바울도 로마서 14장 17절에서 하나님의 나라는 먹는 것과 마시는 것에 있지 않으며 오직 성령 안에서 의와 평강과 희락이라고 했습니다.

〈하나님의 나라〉

하나님의 나라는 하나님의 주권과 통치가 실현되는 곳을 말합니다. 하나님은 천지를 창조하시고 주관하시는 분입니다. 원리적으로는 하나님의 백성이 아닌 사람이 없고 하나님의 피조물이 아닌 곳이 없습니다.

주기도문에서 "아버지의 나라가 오게 하시며"는 하나님의 주권이 이 땅에 온전히 이루어지게 해달라는 기도입니다.

그러므로 하나님의 사랑과 정의와 참된 행복이 이루어지는 나라가 되도록 모든 의무를 다하며 삶을 살아야 합니다. 우리는 이 땅에 사는 동안 하나님의 나라를 소유하고 살다가 이후에 그 나라 가서도 하나님과 영원히 살아가는 것입니다.

구약에서 추구하는 지상적이고 현세적인 여러 가지 지엽적인 복의 내용들은, 신약시대에 예수님을 믿는 자들에게는 구약의 복들을 포함하여 받지만 이는 하나님 나라에 대한 그림자와 예표라고 볼 수 있습니다.

갈라디아서 3장 9절
"그러므로 믿음으로 말미암은 자는 믿음이 있는 아브라함과 함께 복을 받느니라."

갈라디아서 3장 14절
"이는 그리스도 예수 안에서 아브라함의 복이 이방인에게 미치게 하고 또 우리로 하여금 믿음으로 말미암아 성령의 약속을 받게 하려 함이라."

예수님이 가르쳐 주신 하나님 나라는 그리스도인들의 신앙생활에서 궁극적인 목적이 됩니다. 하나님 나라는 우리가 이 땅에서 살다가 죽은 후에 결정되는 것이 아니라, 예수 그리스도를 구주로 고백하는 자는 하나님의 백성이 되었고 이미 이 땅에서 하나님 나라를 소유하며 살아갑니다. 이 땅을 살면서 받는 최고의 복은 하나님의 자녀로 살아가는 것입니다.

하나님이 주시는 진정한 복은 자신의 성공, 소원 성취, 형통, 무병장수와 자손의 번영에 있는 것이 아니라 세상 그 어떤 것과도 비교할 수 없는 하나님의 자녀로 살아가는 것입니다. 그것이 하늘에 속한 신령한 복입니다. 이 말을 바꾸면 구원의 복이라고 말할 수 있습니다.

예수를 믿는다는 것은 하나님의 뜻을 추구하고 말씀에 순종하며 살아가는 것이지 행운을 따라 사는 삶을 살아서는 안 됩니다. 인생이란 때로는 힘들고 고난의 연속이며 세상 사람들이 바라는 성공이나 부자로 살지 못할 수 있습니다. 안락한 노후를 보내지 못할 수도 있고 인생의 마지막이 초라하고 쓸쓸할 수도 있습니다.

사실 구약의 화려한 복들은 현실적으로 하나님과 관계가 없이 누리는 복일 수도 있습니다. 한평생 믿음 안에서 섬김과 헌신의 삶을 살고도 오히려 더욱 힘들고 어렵게 사는 사람이 있을 수 있습니다.

그러나 이 땅에서 추구하는 것을 넘어서서 '나'라는 존재가 하나님의 눈에 들어서 하나님의 자녀가 되어 예배 안에 살아왔고 천국의 기쁨과 소망을 간직하며 살아가고 있는 것이 우리의 참된 행복입니다.

"행복" - 손경민 작사·작곡

화려하지 않아도 정결하게 사는 삶
가진 것이 적어도 감사하며 사는 삶
내게 주신 작은 힘 나눠 주며 사는 삶
이것이 나의 삶의 행복이라오

눈물 날 일 많지만 기도할 수 있는 것
억울한 일 많으나 주를 위해 참는 것
비록 짧은 작은 삶 주 뜻대로 사는 것
이것이 나의 삶의 행복이라오
세상은 알 수 없는 하나님 선물
이것이 행복 행복이라오
하나님의 자녀로 살아가는 것
이것이 행복이라오

팔복은 그 당시 로마의 식민지 지배를 받으면서 가난과 애통 속에 살고 있는 백성들에게 복 받은 자라고 하신 말씀입니다. 어떤 조건이나 근거가 있어서 복이 아니라 이미 하나님의 자녀 됨이 복임을 선포하셨습니다. 예수님을 구주로 고백하는 순간부터 복 받은 자라는 것입니다.

우리들은 이 땅에서 예수님을 믿음으로 무조건 성공하고 잘 되는 무사안일의 복과 행운에 매여 살지 않아야 합니다. 하나님의 자녀로 살아가고 있는 것이 참된 행복임을 알아야 합니다.

더 나아가 하나님의 나라를 위해 살아가는 것이 행복한 사람이고 복을 받는 자의 길입니다. 하나님의 나라는, 죽음 이후에 가게 될 그 나라와 오늘 살아가고 있는 이 나라와 분리될 수 없습니다. 하나님의 나라는 이미 성취되었지만 아직 미완성된 미래성을 가지고 있습니다. 지금은 현재적 천국이 부분적이고 희미하지만 미래적 천국은 얼굴을 대면하는 완전한 천국으로 하나님을 분명히 보게 될 것입니다.

종교개혁자 칼빈 John Calvin, 1509~1564

"그리스도인의 첫째 의무는 보이지 않는 하나님의 나라를 보이게 하는 것이다."

우리는 하나님 나라의 자녀로서 이 나라에서 어떠한 사명을 가지고 어떻게 실천하며 살아가느냐가 중요한 과제입니다. 하나님 나라의 확장을 위해 살아가는 삶이 되어야 합니다.

영국과 프랑스는 중세 말기에 100년 전쟁을 치렀습니다. 여러 차례 휴전과 전쟁을 되풀이하던 1347년, 1년 가까이 영국의 공격을 받던 프랑스의 북부 도시 칼레 시민들은 끝까지 저항했지만 절망적인 상황에서 결국 최후 상황을 맞이했습니다. 도시 전체가 불타고 시민들이 모두 죽어야 할 절체절명의 순간에 칼레에서는 항복 사절단을 보내 영국 왕 에드워드 3세에게 자비를 구하기로 했습니다.

에드워드 3세는 전쟁으로 큰 손해를 보았으니 전범자 여섯 명을 교수형에 처하는 것을 조건으로 전쟁을 종결하겠다며 명단을 요구했습니다. 시민들은 기뻐할 수도 슬퍼할 수도 없었습니다. 전쟁은 끝나지만 6명이 전체 시민들을 대신해서 죽어야 했기 때문입니다. 사절단이 협상 결과를 발표하는 이때 용감하게 손을 들고 나선 사람이 있었습니다. 놀랍게도 칼레의 최고 부자였던 외스타슈 드 생 피에르였습니다.

"제가 시민들을 위해 죽겠습니다! 저는 칼레 시민들 덕분에 최고의 부자로 살았으니 칼레 시민들을 위해 죽겠습니다. 어느 누가 저와 같이 명예로운 죽음의 반열에 오르겠소?"

그러자 두 번째로 칼레 시장인 장데르가, 세 번째는 부자 상인이었던 피에르 드 위상이 죽음을 자처하고 나섰습니다. 그러자 위상의 아들이 이렇게 말하고 뒤를 이었습니다.

"아버지가 나서는데 아들이 어찌 살기를 바라겠습니까?"

4명의 자원자가 나서서 2명만 더 채우면 되는데, 시민 지도자 3명이 동시에 손을 들었습니다. 모두 7명이 자원한 것입니다. 제비뽑기로 1명을 빼자는 이야기가 나왔지만, 가장 먼저 손을 든 외스타슈가 이를 반대했습니다.

"추첨을 하면 행운을 바라기 때문에 칼레 시민들을 위해 죽겠다는 아름다운 뜻이 변할 수도 있소. 그러니 내일 아침 가장 늦게 처형장에 나오는 사람을 빼도록 합시다. 밤새 집안에 무슨 일이 생길 수도 있지 않겠소?"

모두가 외스타슈의 의견에 찬성을 하고 집으로 돌아갔습니다. 고통스러운 밤이 지나고 다음날 약속된 장소에 나타난 사람은 6명뿐이었습니다. 제일 먼저 자원한 외스타슈가 나오지 않은 것입니다. 사람들은 궁금해하면서 그의 집으로 달려갔습니다. 외스타슈는 유서를 남겨놓은 채 이미 시체로 변해 있었습니다.

"처형을 자원한 7명 가운데 한 사람이라도 살아남아서 비겁자의 오명을 쓰면 안 되겠기에 제가 먼저 죽습니다. 먼저 하늘나라로 가서 그대들을 기다리겠습니다."

외스타슈의 주검을 보고 자원자 6명은 결의를 새롭게 다지며, 영국 왕의 요구대로 허름한 옷을 입고, 목에 밧줄을 걸고, 칼레 시 성문의 열쇠를 들고, 맨발로 영국 진영으로 걸어갔습니다.

그런데 외스타슈의 이러한 죽음의 소식을 듣고 에드워드 3세의 왕비가 감동하였습니다. 그리고 이들을 처형하면 임신 중인 태아에게 불행이 닥칠 수 있다는 점을 들어 6명 모두를 살려 줄 것을 왕에게 간청했습니다. 결국 사랑하는 왕비의 요청을 에드워드 3세는 이들의 처형을 중단하였습니다.

한 사람의 용기 있는 죽음은 칼레 시민들뿐만 아니라 같이 죽음을 자원했던 6명의 동료들까지 살린 것입니다. 소중한 생명을 던져 자신들의 삶의 터전과 칼레와 그 시민들의 생명을 구하려 했던 외스타슈와 6명의 귀족들에 용기와 책임감은 프랑스를 비롯한 서구사회 지도층의 의식에 깊이 각인되었습니다. 이후 사람들은 '노블리스귀족 오블리주의무'의 유래를 칼레의 용감한 7명의 귀족들을 지목하였습니다.

오늘날 '노블리스 오블리주'Noblesse Oblige란 사회 지도층 인사나 조직의 리더들이 누리는 권세와 명예만큼 도덕적 의무와 책임을 다해야 한다는 뜻으로 쓰입니다. 칼레 시민들을 지키기 위해

앞다투어 목숨을 내놓았던 귀족들과 지도자들을 기리기 위해서 프랑스 정부는 '노블리스 오블리주'의 유래를 표상으로 만들어 후손들에게 영원히 전하려 했습니다. 그것이 바로 로댕Auguste Rodin이 6년에 걸쳐 1889년에 완성한 조각 작품 '칼레의 시민'입니다.

우리에게 '노블리스 오블리주'란 마음의 따뜻함과 행복함뿐 아니라 잘 사는 것이 무엇인지를 생각하게 합니다. 모든 그리스도인들은 하나님의 거룩한 자녀로서 세상 속에 '그리스도인 오블리주'의 사회적 책임과 도덕적 의무가 있습니다.

우리는 하나님의 자녀로서, 거룩하게 살려는 의지가 있고 행동 기준이 다른 신앙인으로 살아가야 합니다. 천국을 소유한 사람으로 세상 속에서 어떻게 구별되고 무엇이 다른지를 보여 주며 바른 길을 제시해야 합니다. 우리들은 세상 속에서 그리스도인의 참된 모습과 교회의 영광을 보여 줄 수 있는 성도가 되어야 합니다. 여기에 신앙인의 능력이 있고 세상에 소망이 있습니다.

팔복의 말씀은 하나님의 자녀 된 우리가 예수님을 닮아 거룩한 삶을 살도록 주신 말씀입니다. 예수님의 마음이 내 안에 심기도록 성령의 은혜를 구하며 이 땅에 믿음의 열매가 있는 그리스도인으로서 '오블리주'의 참된 제자가 되어서 복 있는 사람으로 하나님의 나라를 세워 가기를 소망합니다. 산상설교는 우리에게 그 길을 안내하는 지시표가 되는 말씀입니다.

첫 번째 복

"심령이 가난한 자는 복이 있나니 천국이 그들의 것임이요"

Μακάριοι οἱ πτωχοὶ τῷ πνεύματι,
ὅτι αὐτῶν ἐστιν ἡ βασιλεία τῶν οὐρανῶν.

마카리오이 호이 프토코이 토 퓨뉴마티
호티 우아톤 에스틴 헤 바실레이아 톤 아라논

창문 열기

    팔복의 첫 번째 복인 "심령이 가난한 자는 복이 있나니 천국이 그들의 것임이요"에서 '심령이 가난하다'란 것은 세상적인 부와 가난을 말하는 것이 아니라 영적인 의미에서 가난입니다. 곧 전적으로 하나님을 의지하며 살아가는 것을 말합니다.
    '복이 있나니'란 하나님의 거룩한 자녀로 살아가고 있는 것을 말합니다. "천국이 그들의 것임이라"란 말씀은 현재와 미래에 누릴 영원한 복을 포함하여 하나님이 통치하시는 나라 안에 누리는 평안과 행복을 말합니다.

심령이 가난한 자는 복이 있나니
천국이 그들의 것임이요

심령이 가난한 자는

'심령'心靈이란 단어는 헬라어로 '프뉴마'Pneuma로 '영'Spirit, '마음'Heart을 뜻합니다. 본문에서 심령이란 단어에는 정관사가 붙어 '토 프뉴마티'To pneuvmati로 되어 있는데 '내면적 가난'을 말합니다.

'가난'이란 헬라어 단어로 '페네스'Penes와 '프토코스'Ptokos가 있습니다. '페네스'는 자기 자신을 위해 일하면서 부족함을 채우는 사람을 이야기할 때 사용되고, 일을 하지 않으면 살아갈 수 없는 가난한 사람을 말합니다. 본문에서는 '프토코스'를 썼는데 '절대적 빈곤', '의지할 곳 없는 상태', '가련하고 무력한 존재'의 의미로 말할 수 있습니다.

마가복음 12장 42-43절에 모든 소유, 생활비 전부인 두 렙돈을 바치고 완전히 거지가 되어 버린 여인을 말할 때나, 누가복음 16장 20-21절에 부자와 거지 나사로 이야기에서 부자의 대문 앞에 구걸하는 거지 나사로를 묘사할 때 사용되고 있습니다. 즉, 삶에 모든 것이 완전히 파산하여 절대적인 빈곤에 처한 사람을 표현할 때 사용하는 단어입니다. 다른 사람의 도움이 없이는 생존할 수 없고 아무것도 가진 것이 없는 상태, 누군가의 도움이 없이는 살아갈 수 없는 절대적인 가난을 의미합니다.

마틴 로이드 존스 Martyn Lloyd Jones, 1899.12.20~1981.3.1
'심령이 가난하다'란 말은 자만심과 자기 의존이 완전히 결여되었다는 의미고, 하나님 앞에 아무것도 아닌 존재라는 의식이다.

히브리어로 가난은 '아나브'Anab라는 단어를 쓰는데 '가난한, 비천한, 겸손한, 온유한'의 의미로 사용됩니다.

결론적으로 '페네스'를 상대적인 가난으로 세상이 정의한 가난이라면 '프토코스'는 갈급해서 하늘의 양식을 찾는 가난이라고 할 수 있습니다. '페네스'는 극심하게 가난해도 영이 죽지 않지만 '프토코스'의 가난은 하늘의 양식을 먹지 않으면 영원히 죽는 가난으로, 성경은 '프토코스'가 가장 부요한 상태라고 말하고 있습니다.

'심령이 가난한 자'는 물질적으로 가난한 사람이 복이 있다는 말씀이 아닙니다. 또한 영적으로 빈곤하여 가난하다는 말씀도 아닙니다. 하나님의 도움과 은혜 없이 절대적으로 살아갈 수 없는, 영적인 의미에서 가난한 상태를 말합니다. 전적으로 하나님을 의지하며 살아가는 사람이 심령이 가난한 사람입니다. 주님은 바로 천국이 이러한 사람들의 것이라고 선언하십니다.

복이 있나니

팔복에서 "복이 있나니"는 모든 구절에서 반복되고 있습니다.

'복'福, Blessing은 헬라어 원어로 '마카리오스'Makarios라는 단어를 사용하고 있는데, 누군가의 이름을 부르는 표현인 호격으로 해석되어 '복 있음이여'라는 뜻으로, 이미 '복을 받은 자'라는 '복의 선언'입니다. 즉, 하나님의 백성 된 자녀들을 향한 예수님의 사랑스러운 감탄사의 표현입니다.

우리에게 최고의 복은 천지 만물을 창조하시고 인류의 역사와 생명을 주관하며 다스리시는 하나님을 경외하고 믿음의 정원 안에 살아가도록 자녀 삼아 주신 은혜입니다. 참된 복은 세상의 그 어떤 것을 소유함에 있는 것이 아니라 예수님을 구주로 믿으며 하나님의 거룩한 자녀로 살아가는 것입니다.

"복이 있나니"라고 말씀하는 것은 그들이 예수님으로 인하여 천국 백성들이 되었기 때문입니다. 예수님이 나를 위해 죽으셨다는 사실과 부활하심을 믿으면 예수님과 함께 영원히 살게 됩니다.

예수님은 우리의 영원한 생명이 되셨습니다. 예수님만이 나에게 힘과 능력이 되심을 믿으며, 예수님만을 배경 삼고 사는 사람이 복 있는 사람입니다. 더 나아가서 하나님께서 우리와 함께 하신다는 임마누엘의 복을 누려야 합니다.

영국의 웨스트민스터 사원에는 역대 왕, 여왕, 정치가들과 유명한 인사들처칠, 셰익스피어, 뉴턴, 다윈, 헨델 등의 묘와 기념비가 있습니다. 그곳에 감리교를 창시한 존 웨슬리John Wesley, 1703~1791의 기념비가 있습니다. 그 기념비에는 그가 말한 세 마디가 기록되어 있습니다. 첫 번째는 "세계는 나의 교구다", 두 번째는 "하나님께서 당신의 일꾼은 땅에 묻으시나 당신의 일은 계속해서 나가신다", 세 번째는 "세상에서 가장 좋은 것은 하나님께서 우리와 함께하신다는 것이다"입니다. 웨슬리는 죽기 직전에 팔을 높이 들고 승리의 기쁨이 넘치는 목소리로 "세상에서 가장 좋은 것은 하나님께서 우리와 함께하신다는 것이다"라고 외쳤다고 합니다.

하나님께서 우리의 삶 가운데 영원히 함께하신다는 복이 최고의 복입니다. 우리는 이미 임마누엘의 복을 받은 존재입니다. 우리 안에 거하시는 성령님께서 삶의 주관자이심을 고백하고, 그 임재 안에 거하며 인도하심에 순종하는 것이 최고의 복입니다. 그 복을 누리면서 살아야 합니다.

천국이 그들의 것임이요

'천국'은 하나님께서 통치하고 다스리시는 나라를 말합니다. 천국 Kingdom of heaven이란 단어는 마태복음에 나오는 팔복의 첫 번째와 여덟 번째 복을 포함하여 31회, 디모데후서에서 1회를 포함하여 32회 사용하고 있습니다.

누가복음의 팔복에서는 '하나님의 나라' Kingdom of God를 천국 대신 사용하는데, 누가복음에 나오는 31회를 포함하여 신약 전체에서 66회 사용하고 있습니다.

　천국과 하나님의 나라 표현을 다르게 이야기하는 사람도 있습니다. 그러나 마태복음은 유대인들을 대상으로 쓰인 책으로 '하나님'이란 거룩한 이름을 사용하는 것에 유대인들의 반감을 피하기 위해 '천국'이란 단어로 대체하였다고 볼 수 있습니다.

　누가복음은 이방인들에게 복음을 전하기 위해 쓰였기에 예수님이 선포하신 하나님의 나라를 그대로 표현하였습니다. 마가복음과 요한복음도 예수님께서 말씀하신 그대로 하나님의 나라를 기록하고 있습니다. 즉, 예수님의 말씀을 같이 받았던 제자들이 기록하면서 천국과 하나님의 나라로 각각 다르게 표현한 것이지 의미는 같습니다. 그러므로 팔복에서 마태복음의 첫 번째 복인 "천국이 그들의 것임이요"와 누가복음의 첫 번째 복인 "하나님의 나라가 너희 것임이요"는 같은 표현입니다.

　팔복에서 여섯 개의 복둘째, 셋째, 넷째, 다섯째, 여섯째, 일곱째은 미래형인 반면에 첫 번째 "심령이 가난한 자는 복이 있나니 천국의 그들이 것임이요"라는 복과 여덟 번째 "의를 위하여 박해를 받은 자는 복이 있나니 천국이 그들의 것임이라"는 현재형을 사용하고 있습니다.

　본문은 '심령이 가난한 자가 천국에 들어간다'라고 말하지 않습니다. '천국이 그들의 것이다'라고 말씀합니다. 천국은 예수님을 구주로 고백하는 순간 주어지는 것입니다. 예수님을 믿고 심령이 가난해진 사람은 이미 천국을 소유한 자로 하나님의 통치와 다스림 아래 있습니다. 우리는 이미 하나님의 자녀임을 인식하고 하나님의 정원 안에 행복한 삶을 누리고 살아갈 수 있어야 합니다.

"그들의 것임이요"라는 표현 자체가 복이 이미 현재적으로 주어졌음을 말씀하고 있습니다. 하나님의 나라는 이미 이루어졌지만 주님이 다시 오실 그날에 완성될 것이란 점에서 현재와 미래를 동시적으로 의미합니다.

C. S. 루이스 Clive Staples Lewis, 1898~1963

기독교의 사상가이자 시인, 비평가, 영문학자, 작가인 C. S. 루이스는 우리 시대의 그리스도인들에게 가장 큰 영향력을 끼친 인물로 그의 저서 《순전한 기독교》p.212에서 "천국을 지향하면 세상을 덤으로 얻을 것입니다. 그러나 세상을 지향하면 둘 다 잃을 것입니다"라고 말합니다.

우리들은 삶이 끝난 후에 그렇게 살았으면 하는 그 삶을 바로 지금 이곳에서 영원히 빛나는 삶으로 살아야 합니다.

"천국의 그들의 것임이요"는 넓은 의미로 현재와 미래에 자녀들이 누리게 될 영원한 복을 포함합니다. 하나님이 통치하시는 나라 안에서 자녀들이 누리는 평안과 행복을 말합니다.

행복한
사람들의 삶

산상설교에서 팔복의 말씀은 우리가 태어날 때부터 타고난 기질이나 천성이 아닙니다. 예수님의 성품이고 인격입니다. 영혼의 주인이 바뀌면 성품이 바뀝니다. 팔복의 성품은 우리 노력만으로 안 됩니다. 성령님의 전적인 도우심과 은혜 가운데 만들어지는 성품입니다. 팔복은 하나님의 자녀 된 우리에게 이미 복을 받은 자라는 선언과 함께 복음으로서 삶의 윤리적 요구를 수반하고 있음을 기억해야 합니다.

첫째, 마음이 가난한 사람이 되라

하나님은 개인이나 국가에게 복을 주셔서 잘되게 하고 형통하게 하십니다. 그러나 세상에서 내 뜻대로 안 되고 형통한 삶을 살지 못한다 하여서 하나님의 사랑을 받지 못한 것으로 이해해서는 안 됩니다.

　세상적으로 잘살든 못살든 마음을 가난하고 겸손하게 관리하면 복이 있는 사람입니다. 우리는 어떠한 형편에 놓여 있든지 하나님 앞에 철저하게 낮아지는 겸손한 마음의 소유자로 살아가야 합니다.

　인격적으로 교만하고 배부른 사람은 하나님의 나라에 들어갈 수 없습니다. 우리는 좋은 직장에 들어가고 지위나 권력이 올라갈 때, 또 삶이 평탄할 때 스스로 자만하거나 교만해져서 마음을 배부르게 하면 안 됩니다. 우리가 잘되고 행복할수록 겸손하며 낮은 마음으로 잘 관리할 때 복 있는 사람이 됩니다.

　교회에서 신앙생활을 오랫동안 했느냐, 무슨 직분을 받았느냐가 중요한 것이 아닙니다. 언제나 자격도 없고 부족한 나를 하나님의 자녀로 삼아 주심에 감사하며 가난한 마음으로 살아야 복 있는 사람입니다. 우리는 예배의 자리에 나와서도 가난한 심령으로 겸손하게 무릎을 꿇어야 합니다. 교회 안에서도 다른 사람을 나보다 더 존귀하게 여기고 낮은 마음으로 신앙생활을 해야 합니다.

　누가복음 18장 9-14절에 바리새인과 세리의 비유가 나옵니다. 어느 날 바리새인과 세리가 성전에 기도하러 갔습니다. 그 당시 바리새인은 다른 사람들보다 하나님의 율법을 철저하게 잘 지키며 거룩하게 살아간다는 자부심과 긍지를 갖고 있었습니다.

그러한 바리새인이 성전에 올라가서 두 손을 들고 머리를 하늘로 향하여 기도합니다. 하지만 세리는 눈물을 흘리고 가슴을 치며 회개기도를 드렸습니다.

> 누가복음 18장 10-13절
> "두 사람이 기도하러 성전에 올라가니 하나는 바리새인이요 하나는 세리라 바리새인은 서서 따로 기도하여 이르되 하나님이여 나는 다른 사람들 곧 토색, 불의, 간음을 하는 자들과 같지 아니하고 이 세리와도 같지 아니함을 감사하나이다 나는 이레에 두 번씩 금식하고 또 소득의 십일조를 드리나이다 하고 세리는 멀리 서서 감히 눈을 들어 하늘을 쳐다보지도 못하고 다만 가슴을 치며 이르되 하나님이여 불쌍히 여기소서 나는 죄인이로소이다 하였느니라."

하나님께서는 바리새인의 기도를 외면하고 가난한 마음으로 기도한 세리의 기도를 들어 주신다는 말씀입니다.

우리가 바리새인처럼 심령이 배부른 자가 되어서는 안 됩니다. 언제나 하나님 앞에 자랑하고 드릴 것도 없으며 모든 것이 아무 소용없음을 철저하게 깨달아서 마음이 가난한 세리가 되어야 합니다. 마음이 배부른 사람은 하늘의 문이 닫힙니다. 그러므로 마음이 가난한 사람이 되어서 복 있는 자리에 설 수 있어야 합니다.

17세기 과학혁명의 상징적 인물인 유명한 과학자 아이작 뉴턴 Sir Issac Newton, 1642.12.25~1727.3.20이 나이 많아 죽음 앞에 있을 때입니다. 그 유명한 과학자가 아무것도 모릅니다. 자기 나이와 이름도 모르고, 찾아오는 사람은 물론 기억조차 하지 못합니다. 그런 천재적인 과학자의 상황이 말도 안 되고 너무 기가 막혀서 한 사람이 질문했습니다. "선생님, 그럼 지금은 도대체 무엇을 아십니까?" 그가 이렇게 대답합니다. "확실하고 분명하게 아는 것이 있는데, 그것은 내가 죄인이라는 것과 예수님이 내 구주가 되신다는 것일세."

20세기 에디슨의 전기 발명Thomas Alva Edison, 1847.2.11~1931.10.18과 플레밍Alexander Fleming, 1881~1955의 페니실린 발견은 가장 위대한 발명이라고들 합니다. 플레밍 박사는 1928년부터 인플루엔자 바이러스를 집중적으로 연구하면서 푸른곰팡이에서 항생제인 페니실린세균의 세포벽 합성을 억제해서 세균을 죽이는 항생제을 발견하였습니다. 노벨상을 받은 그에게 기자가 물었습니다. "선생님이 발명하신 것 가운데 가장 소중하고 뜻깊은 위대한 발명이 무엇입니까? 일생 가운데 가장 감동적인 것이 무엇입니까?"

이와 같은 질문은 영국의 산과 의사였던 심프슨Sir James Young

Simpson, 1811.6.7~1870.6.7도 제자에게 받았습니다. 심프슨은 에딘버러 대학에 교수로 재직할 때 진통제를 발명해서 온 인류와 의학계에 가장 큰 공헌을 한 사람입니다. 그는 수술할 때 환자들의 고통을 덜어 줄 방법에 대해서 고심했습니다. 하루는 성경을 묵상하던 중에 하나님이 아담을 잠들게 하고 갈빗대 하나를 취하여 여자를 만드신 것을 떠올리며 진통제를 만들어 사람들이 고통 없이 수술받게 했습니다. 심프슨은 그 외에도 여러 가지 세계적인 의약품들을 우리 인류에게 선물했습니다. 그도 역시 "나의 생애에서 가장 소중한 발견은 내가 죄인이라는 것과 예수님이 나의 구주가 되심을 알게 된 것이다"라고 고백합니다.

역사 속에서 위대한 과학자들은 '나는 죄인이다'라는 것을 인정하였습니다. 겸손하고 낮은 마음을 가진 그들을 하나님은 위대하게 사용하셨습니다. 자신이 죄인이라는 가난한 마음의 바닥의식으로 살아갈 때 죄인을 찾아오신 예수 그리스도를 온전히 만나게 되고 예수님의 성품이 내 안에 머물게 되어 복 있는 사람이 됩니다.

둘째, 하나님의 은혜를 전적으로 구하라

하나님은 나를 지으시고 내 생명을 주관하시는 분입니다. 또한 내 삶을 인도하시는 분입니다. 우리들은 하나님의 도우심과 은혜가 전적으로 필요하고 하나님 없이는 단 하루도 살아갈 수 없다는 고백으로 살아야 합니다. "저는 아무것도 없습니다. 저는 연약하고 부족합니다. 저의 모습과 형편 아시잖아요. 저를 불쌍히 여겨 주세요. 주님의 은혜가 아니면 안 됩니다. 저는 의지할 곳이 없습니다. 하나님 도와주세요."

우리는 나의 모든 것과 내 삶의 주인은 하나님이시라는 인식을 가지고 하나님의 전적인 은혜를 구하며 살아가야 합니다.

아이젠하워Dwight David Eisenhower, 1890.10.14~1969.3.28는 독일에서 미국 남부 버지니아로 이주한 기독교 집안에 태어나 하나님을 경외하고 교회를 사랑하며 헌신한 부모님 밑에서 자라났습니다. 부모님은 그에게 19세기 미국의 유명한 침례교 설교자 드와이트 라이먼 무디Dwight Lyman Moody, 1837~1899의 이름과 구약성경에 나오는 이스라엘 왕국의 2대 왕 다윗의 이름을 따서 '드와이트 데이비드 아이젠하워'라는 이름을 지어 주고 '너는 나중에 D.L. 무디 같은 목사님이 되어라'라는 소망을 담아 아들을 길렀습니다. 이 아들도 얼마나 믿음이 좋은지 성경을 수도 없이 읽고 사관학교를 다니면서도 성경을 외우고, 군에서 소위로 있으면서도 탱크 속에서 주일학교 아이들을 데려다가 가르쳤습니다.

그러다가 2차 대전이 일어나서 유럽연합군 최고사령관으로 참전하였습니다. 그리고 전 연합군을 이끌고 인류 역사에 제일 큰 2차 세계대전을 끝냈습니다. 1944년 6월 6일 노르망디 상륙작전을 앞에 두었을 때 전 인류의 역사가 아이젠하워의 손에 달려 있었습니다. 그때 아이젠하워 사령관은 모든 지휘관과 장군들 수백 명을 모아 놓고 모자를 벗은 채 무릎 꿇고 하나님 앞에 두 손 들고 기도했습니다.

"이제 운명의 시간이 다가왔습니다. 모든 두뇌와 훈련받은 것을 동원할 시간이 다가왔습니다. 그러나 모든 것은 하나님의 손 안에 있습니다. 우리가 다 준비했지만 이기고 지게 하시는 것은 하나님의 손에 달려 있습니다. 전능하신 하나님이 이기게 하시면 이기고, 하나님이 나를 도와주시면 승리할 것입니다. 이 세계의 평화가 오늘 여기에 달려 있습니다. 여호와여 나를 도와주시옵소서!God! Help Me"

하나님 앞에 끊임없이 기도한 아이젠하워는 2차 세계대전을 승리로 끝냈습니다. 전 세계 인류의 평화를 가져다준 아이젠하워의 능력이 과연 어디에서 나왔습니까? 하나님을 믿는 믿음에서 나왔습니다. 하나님을 믿으면 물만 건너는 것이 아니라 전쟁도 건널 수 있고, 장래의 문제도, 나를 가로막는 그 어떠한 강도 건널 수 있습니다.

아이젠하워는 2차 세계대전을 끝내고 미국 콜롬비아 대학교 총장을 역임했으며, 그 후에도 6·25 한국전쟁을 종식시켰습니다. 그리고 미국에 34대 대통령이 되어 재선에 성공했습니다. 그는 1969년에 사망하였고, 이후에 1979년 죽은 아내 마미아와 함께 교회 묘지에 묻혀 있습니다. 이처럼 하나님을 경외하며 위에 계신 분을 잘 섬기면 인간의 모든 길이 열린다고 성경은 말씀하고 있습니다.

잠언 3장 5-8절
"너는 마음을 다하여 여호와를 신뢰하고 네 명철을 의지하지 말라 너는 범사에 그를 인정하라 그리하면 네 길을 지도하시리라 스스로 지혜롭게 여기지 말지어다 여호와를 경외하며 악을 떠날지어다 이것이 네 몸에 양약이 되어 네 골수를 윤택하게 하리라."

잠언 16장 9절
"사람이 마음으로 자기의 길을 계획할지라도 그의 걸음을 인도하시는 이는 여호와시니라."

하나님은 천지 만물을 지으셨고 이 세상의 모든 만물은 하나님의 주권 아래 있습니다. 하나님은 우리를 이 땅에 태어나게 하시고 살아가게 하신 분이십니다. 우리는 지금뿐만 아니라 앞으로도 하나님의 은혜로 살아야 되고 죽어서도 하나님의 은혜로 영원히 천국에서 살아야 합니다.

우리 인생은 광야와 같아서 하나님의 도우심이 절대적으로 필요합니다. 그런데도 하나님의 도우심 없이 살 수 있다고 말한다면 그는 하나님을 전혀 알지 못하는 사람이고 자기의 불행조차도 모르는 사람입니다.

하나님의 전능하신 능력은 어제나 오늘이나 앞으로도 영원하며 우리를 돕기 위하여 섬세하게 역사하고 섭리하십니다. 주님은 영원히 목마름이 없는 행복을 주시는 분입니다.

우리는 나보다 나를 더 사랑하시는 하나님의 제한 없는 능력을 배경으로 살아야 합니다. 하나님 앞에 무릎을 꿇으며 전적인 도우심과 은혜를 구하며 살아가야 합니다. 그런 사람이 최고의 지혜자이고 복 있는 사람입니다.

셋째, 천국을 소유한 복 있는 사람으로 살라

천국은 하나님이 통치하시는 나라입니다. 천국을 생각하면 먼저는 에덴동산으로, 생명나무와 모든 것이 갖춰져 있어서 평화를 누리던 곳인데 지키지 못하여 잃어버렸습니다. 그리고 예수님을 믿음으로 죽음 이후에 장차 주어질 영원한 천국이 있습니다. 또한 주님을 내 안에 주인으로 모시면 내 마음이 천국이 됩니다. 주님이 나와 함께 계시므로 누리는 천국을 말합니다. 즉, 주님으로부터 주어진 내 가정과 삶의 터전을 천국으로 이루며 살아가야 합니다. 우리는 이 세상 속에서 천국의 기쁨을 누리며 이루어 가는 복 있는 사람으로 살아가야 합니다.

서울 등촌로에 있는 의료법인 실로암안과병원은 1986년 2월에 설립되어 지금까지 수만 명에게 개안수술을 해주었습니다. 개안수술이란 백내장, 녹내장, 각막 질환 등으로 앞을 못 보는 사람들의 시력을 회복시켜 주는 수술입니다.

이와 같이 앞을 못 보던 수많은 사람들의 눈을 뜨게 해준 분은 놀랍게도 1급 시각장애를 가진 김선태 원장님입니다. 그는 앞을 못 보는 고난과 연속된 역경의 아픔을 극복하며 목사로서 병원을 운영해 오고 있습니다.

그는 1941년 9월, 서울 신당동에서 경주 김씨 가문의 3대 독자로 태어나 어린 시절 부모의 사랑을 독차지하며 남부러울 것 없이 자랐습니다. 그런 그에게 불행의 그림자가 닥쳤습니다. 열 살 때 발발한 6·25전쟁은 그의 모든 것을 앗아가 버렸습니다. 전쟁이 시작되고 열흘째 되던 7월 4일, 친구들과 놀러 다녀온 사이에 집이 폭격을 맞아 산산조각 나버렸습니다. 부모님의 시신도 찾을 수 없을 만큼 엄청난 폭격이었습니다. 그의 불행은 거기서 끝나지 않았습니다.

거지 신세가 되어 여기저기 구걸하며 다니던 8월 어느 날, 친구 8명과 함께 뚝섬으로 수박 서리를 하러 갔습니다. 거기서 불발 수류탄을 만지다 터지는 바람에 같이 갔던 친구들은 그 자리에서 모두 죽고 그만 간신히 살아났지만 그 사고로 두 눈을 잃고 말았습니다. 시각장애인이 된 것입니다.

열 살의 나이에 부모도 잃고 친구도 잃고 두 눈도 잃는, 그야말로 절망적인 처지가 되었지만 그래도 목숨이 붙어 있기에 살아야만 했습니다. 그는 산 넘고 물 건너 20일 만에 100리 길을 걸어 경기도 광주에 살고 있는 고모 집을 찾아갔습니다. 그러나 그를 기다리고 있는 것은 혹독한 매질과 학대였습니다. 얼마나 심하게 매를 맞았던지 지금도 그의 몸에는 60군데 이상의 상처가 남아 있습니다.

그해 겨울, 더 이상은 고모 집에 있을 수 없어서 엄동설한에 그 집을 나왔습니다. 다시 시작된 거지 생활을 몇 년 동안 하면서도 어린 시절 교회에서 배운 말씀 따라 주일이면 반드시 교회에 가서 예배를 드렸습니다. 그리고 동냥한 것으로 헌금을 하고, 깡통 들고 기도하고 식사를 하며, 동료 거지들에게 음식을 나누어 주면서 전도했습니다.

그러던 중에 하나님은 곽안전 선교사를 만나게 하셔서 선교사가 세운 숭실중·고등학교를 다니게 되었습니다. 당시 시각장애인은 대학에 입학할 수가 없었는데 우여곡절 끝에 숭실대를 졸업하고 장로교신학대학원을 마친 후 목사가 되었습니다. 그리고 미국 맥코믹 신학대학에서 신학박사 학위까지 받았습니다.

그는 대한예수교장로회총회에서 반쪽짜리 책상에 앉아 시각장애인 선교를 시작하여 맹인선교회와 세 개의 맹인교회, 그리고 의료법인 실로암안과병원1986년뿐 아니라, 사회복지법인 실로암시각장애인복지회1997년를 설립하였습니다. 또한 젊은 시각장애인 학생들 1,200여 명에게 장학금을 주어 성직자, 교수, 교사, 판사와 각 기관장 등 인재를 길러 내는 기적을 이루었습니다.

실로암안과병원은 국내 농·어촌 및 섬 지역에 500만 명이 넘는 저시력자와 30만 명이 넘는 시각장애인을 대상으로 무료 진료 및 개안수술을 해오고 있습니다. 1987년부터 해외 의료 사역도 하고 있습니다. 중국, 필리핀, 탄자니아, 우즈베키스탄 4개국에 협력 병원을 두고 있으며 미얀마, 라오스, 캄보디아, 키르기스스탄, 우즈베키스탄, 몽골, 탄자니아 등 14개 국가에서 의료·복지 선교를 펼치고 있습니다.

김선태 목사님은 아무것도 없는 가운데서 이 땅의 역사와 세상을 바꾸어 놓은 공로를 인정받아 숭실대학교에서 명예 철학박사와 장로회신학대학교에서 명예 신학박사 학위를 받았습니다. 그리고 대한민국 정부로부터 대통령 표창1985년, 국민훈장 동백장1989년, 국민훈장 모란장2008년을 받았고, 아시아의 노벨상인 필리핀 막사이사이상2007년을 수상했습니다. 또한 그의 시신은 앞으로 세브란스병원에 기증되어 임상실험에 사용되고, 그 후 뼈는 청주 맹학교로 기증하기로 약속했습니다. 기증된 뼈는 학생들의 해부학 및 지압 교육 등의 용도로 사용된다고 합니다.

김선태 목사님은 본인이 시각장애인임에도 불구하고 한평생 시각장애인들을 위해 살아왔습니다. 그는 사막에서 샘을 파고, 황무지와 같은 절망의 세계를 가나안 복지와 같은 희망의 세계로 바꾼 인물이 되었습니다. 시각장애인을 위한 선교뿐만 아니라 이 시대에 생명의 빛을 보지 못하는 모든 사람들에게 행복한 세상, 샬롬의 나라를 세워 나간 복음의 사도요, 사랑의 사도요, 희망의 사도입니다.

예수님께서 앞을 못 보는 맹인의 눈을 뜨게 해준 실로암보냄을 받았다의 사랑을 실천하기 위해, 지금까지 수십 년을 실로암 인생으로 살아왔고, 세상을 떠날 때까지 그렇게 살아갈 것입니다.

오늘 우리들은 내가 좀 더 외모가 좋고, 가정 형편이 좋고, 좋은 직장에서 근무하는 것 때문에 교만하여 배부른 사람이 되어서는 안 됩니다. 팔복의 첫 번째 말씀인 심령이 가난한 자 되어서 천국을 소유해야 합니다. 또한 주님 앞에 언제나 목마른 사슴이 되어서 겸손하게 무릎을 꿇고, 하나님의 은혜를 전적으로 구하고 의존해야 합니다. 더 나아가서 하나님의 복이 삶의 전 영역에 임하여 천국의 사람으로 영원하기를 소망합니다.

두 번째 복

"애통하는 자는 복이 있나니
그들이 위로를 받을 것임이요"

Μακάριοι οἱ πενθοῦντες,
ὅτι αὐτοὶ παρακληθήσονται.

마카리오이 호이 펜둔테스
호티 아우토이 파라클레데손타이

창문 열기

　팔복의 두 번째 복인 "애통하는 자는 복이 있나니 그들이 위로를 받을 것임이요"에서 '애통'은 자신이 하나님 앞에 죄인 됨을 인정하고 진실된 회개와 용서를 구하며 눈물을 흘리며 깊이 슬퍼하는 것입니다. 우리가 하나님 앞에서 위로받지 못하는 것은 온전한 회개와 애통하는 마음이 부족하기 때문입니다.
　"위로를 받을 것임이요"란 곁으로 부른다는 의미입니다. 하나님은 애통하는 마음을 가진 자를 부르시고, 곁에 찾아오셔서 위로해 주신다는 뜻입니다. 애통하는 자는 주님의 위로 안에 있습니다.

애통하는 자는 복이 있나니
그들이 위로를 받을 것임이요

애통하는 자는

'애통'哀慟, Mourn이란 단어는 헬라어로 '펜둔테스'Penthountes를 사용하는데, 단순한 슬픔이 아니라 소중한 것을 잃어버린 상실의 슬픔으로 사별처럼 극심한 아픔과 고통을 말합니다.

마태복음에서 '애통'이란 단어를 누가복음의 병행 구절은 '우는'으로 말씀하고 있는데 '클라이온테스'Klaiontes라는 단어를 사용하고 있습니다. 주로 억누를 수 없는 슬픔을 강렬하게 표현할 때 쓰였습니다. 하지만 이 단어 역시 인간관계 속에서 헤어짐과 원수와의 관계뿐 아니라 죽은 자를 앞에 두고 슬퍼할 때도 사용되었습니다. 즉, '펜둔테스'나 '클라이온테스'는 이 땅에서 육신적 고통을 넘어서 정신적이며 영적인 고통까지 주어지는 모든 것이라고 말할 수 있습니다.

창세기를 보면 이삭의 아들인 야곱에게는 아들이 열두 명 있었습니다. 야곱은 그중에 요셉을 가장 사랑하였습니다. 그러자 다른 형제들이 시기하여 요셉을 노예로 팔아 버리고는 아버지에게는 악한 짐승이 요셉을 죽였다고 말하며 숫염소를 죽여 그 피를 요셉의 옷에 묻혀서 보여 주었습니다. 야곱은 가장 사랑한 아들이 짐승에게 찢겨 죽었다는 소식을 듣고 요셉의 옷을 보고는 자기 옷을 찢으며 허리를 굵은 베로 동이고 애통했습니다. 이처럼 속으로 삭일 수 없고 스스로를 주체하지 못하는 극심한 슬픔을 애통이라 말합니다.

예수님의 '애통하는 자에게 복이 있다'란 말씀은 그 당시 로마의 식민지 지배 아래서 정치적·종교적으로 억압과 착취와 횡포 속에 고통 받으며 슬픔 속에서 힘들게 살아가는 백성들에게 말로 다할 수 없는 용기와 희망의 말씀이 되었을 것입니다.

그러나 예수님이 말씀하시는 '애통하는 자'는 인간적인 슬픔과 고통을 겪거나 정치와 종교적인 불의에서 당하는 고통에 국한한 말씀이 아닙니다. 팔복의 첫 번째 말씀인 심령이 가난하다는 것이 물질적 가난이 아니라 하나님 앞에서 영적인 가난을 말씀하듯이, 애통은 하나님과의 관계에서 자기 죄에 대한 애통을 의미합니다. 애통은 심령이 가난한 다음에 나옵니다.

> **마틴 로이드 존스** Martyn Lloyd Jones, 1899~1981
> 20세기 최고의 강해 설교자로서, '애통하다'란 것은 '심령이 가난한' 데서 필연적으로 따라오는 것이라고 말하였다. 내가 하나님과 그의 성결을 대면하고 내가 살아야 할 삶을 응시할 때 나의 철저한 무능과 절망을 보게 된다. 참으로 자기와 대면하고 자기 삶을 검토하는 사람이라면 자기 죄 때문에 필연적으로 애통해할 것이다.

즉, 애통은 일반적인 애통이 아니라 심령의 가난 뒤에 나의 죄 때문에 애통하는 것을 말씀합니다. 우리들의 애통은 참된 회개의 문을 열어 주어서 믿음의 사람으로 새롭게 회복되고 복 있는 사람의 자리로 나아가게 합니다.

예수님도 세상에 계실 때 눈물을 흘리며 애통하셨습니다. 옥에 갇힌 자와 병자들과 가지지 못한 자를 불쌍히 여기고 그들을 먹이며 고쳐 주셨습니다. 그러나 예수님은 병들고 굶주리며 옥에 갇힌 자를 위해서는 눈물을 흘리지 않았습니다.

예수님은 생애에 세 번 우셨습니다. 감람산에서 예루살렘 성을 내려다보면서 죄짓고 있는 비참한 사람들의 모습을 보며 우셨습니다눅 19:41-48. 그리고 나사로의 무덤에서 우셨습니다요 11:35. 마지막으로 겟세마네 동산에서 밤새도록 기도하며 눈물이 핏방울이 되도록 우셨습니다마 26:36-46.

예수님은 하나님의 사람들이 죄짓고 반역하는 모습을 보고 우셨으며, 죽은 자 앞에서 기도하며 우셨습니다. 예수님의 눈물에 대해서 히브리서 5장 7절에서는 "그는 육체에 계실 때에 자기를 죽음에서 능히 구원하실 이에게 심한 통곡과 눈물로 간구와 소원을 올렸고 그의 경건하심으로 말미암아 들으심을 얻었느니라"고 말씀하고 있습니다.

오늘 이 시대를 살아가는 우리에게 예수님은 무엇을 애통해야 하는가에 대해 답을 주셨습니다. 먼저는 자신의 죄에 대해 민감하고 진실된 회개를 통해 깊이 슬퍼하며 애통하는 자가 되어야 합니다. 그리고 내 주변에 하나님을 알지 못하고 죄악 속에 살아가는 사람들을 위해서 애통할 수 있어야 합니다. 더 나아가서 하나님과 인간 사이를 갈라놓는 세상의 불의에 대해서도 애통하는 하나님의 사람이 되어야 합니다.

그들이 위로를 받을 것임이요

'위로'란 '파라칼레오'parakaleo라는 단어를 사용합니다. 이 말은 합성어인데 '파라'는 '곁으로'란 뜻이고 '칼레오'는 '부르다'라는 뜻으로, '곁으로 부르다'의 의미를 가지고 있습니다. 본문에서 "위로를 받을 것임이요"란 하나님께서 애통하는 자를 곁으로 부르시고 찾아와서 마음을 위로해 주신다는 뜻입니다. 즉, 하나님께서 사랑하는 자녀들의 애통하는 삶 속에서 은혜로운 손길로 붙잡아 주며 함께하시겠다는 따뜻한 사랑의 마음을 반영하고 있습니다.

본문의 말씀은 미래 시제입니다. 지금 어렵고 힘든 애통의 상황이 해결되지 않았다고 해서 절망할 이유가 없습니다. 즉 하나님의 완전한 위로가 임하게 됨을 확신하고 인내하며 소망 가운데 살아가라는 말씀입니다.

시편 121편 1-8절
"내가 산을 향하여 눈을 들리라 나의 도움이 어디서 올까
나의 도움은 천지를 지으신 여호와에게서로다
여호와께서 너를 실족하지 아니하게 하시며
너를 지키시는 이가 졸지 아니하시리로다 이스라엘을 지키시는 이는
졸지도 아니하시고 주무시지도 아니하시리로다
여호와는 너를 지키시는 이시라

두 번째 복 _ "애통하는 자는 복이 있나니 그들이 위로를 받을 것임이요"

> 여호와께서 네 오른쪽에서 네 그늘이 되시나니
> 낮의 해가 너를 상하게 하지 아니하며
> 밤의 달도 너를 해치지 아니하리로다
> 여호와께서 너를 지켜 모든 환난을 면하게 하시며
> 또 네 영혼을 지키시리로다
> 여호와께서 너의 출입을 지금부터 영원까지 지키시리로다."

시편 121편은 하나님만이 아픔과 고통 가운데 구원해 주시고 영원한 도움과 유일한 보호자 되심을 고백하며 예루살렘을 향하여 나가면서 부른 찬양입니다. 하나님은 인간의 연약함과 한계를 넘어서 능력과 권세와 사랑으로 완벽하게 우리를 보호하고 지키시는 분입니다.

"그들이 위로를 받을 것임이요"는, 세상 속에 애통하는 눈물의 골짜기를 지날지라도 하나님의 도우심과 돌보심을 망각하지 말고 하나님에 대한 믿음과 확신을 가지며 살아가라는 말씀입니다. 하나님은 가정과 일터뿐 아니라 삶 전체를 완전무결하게 보호하신다는 의미입니다. 그러므로 삶의 극심한 아픔과 고통을 지나는 애통 가운데 있을지라도 영원불변하신 하나님의 보호와 은혜에 대한 확신을 가지고 감격과 감사의 찬양으로 살아가는 복된 사람이 되어야 합니다.

애통한 자에게는 하나님의 따뜻한 위로와 사랑이 약속되어 있습니다. 성령이 오신 목적도 보혜사로 영원토록 함께하시기 위함입니다.

보혜사 '파라클레토스'

'파라'는 '-에게로부터', '옆에', '곁에'란 뜻이고, '클레토스'는 '부르다', '이름으로 불러 주다'란 뜻을 가지고 있습니다.

영어 성경들은 파라클레토스를 '위로자'Comforter, KJV, '돕는 자'Helper, NASB, '상담자'Counselor, NIV로 번역해서 옆에서 우리들을 위로해 주고 도와주며 상담해 주는 존재로 말합니다.

즉, 보혜사란 한 인격자가 계시고 우리들 곁에서 위로하며 돕는 자로 상담자의 역할을 해주시는 분입니다.

성령은 보혜사로 우리의 위로자가 되시고 도와주시며 상담자로 영원토록 우리 곁에서 동행해 주시는 하나님입니다. 보혜사의 '파라클레토스'는 '파라칼레오'에서 유래되었습니다.

본문에서 "위로를 받을 것임이요"란 하나님께서 애통하는 자를 곁으로 부르시고 찾아오셔서 마음을 위로해 주신다는 뜻입니다. 우리의 참된 위로는 성령 하나님께서 주시는 위로입니다. 이 땅에서 부분적으로 이루어지는 위로들은 천국에서 완전한 위로가 될 것입니다.

행복한 사람들의 삶

하나님은 기쁜 감정을 표현할 수 있도록 웃음을 선물로 주셨지만 동시에 어렵고 힘들 때 슬픈 감정을 표현할 수 있는 눈물도 주셨습니다. 한편 눈물 중에는 너무 기뻐서 우는 눈물도 있습니다.

눈물은 그 자체의 가치와 무게를 지니고 있습니다. 눈물이 있는 사람은 삶의 깊이가 있고 사랑할 줄 아는 사람입니다.

이 땅의 모든 식물들은 태양 빛을 받아야 성장하지만 때를 따라 검은 구름이 하늘을 뒤덮고 비가 내려야 합니다. 우리의 인생에 있어서도 비가 와야 합니다. 눈물이 없는 인생은 사막과 같습니다. 눈물이 고인 눈에 십자가의 주님이 선명하게 보입니다. 그 눈물이 나를 나 되게 합니다.

예수님은 우리에게 '애통하는 사람에게 복이 있다'라고 말씀하셨습니다. 과연 우리는 무엇을 애통하며 하나님의 위로 안에 살아야 하겠습니까?

첫째, 자신의 죄에 대해서 애통하는 사람이 되라

애통은 하나님 앞에 자신의 죄를 인정하고 회개하며 용서를 구하는 것입니다. 하나님의 말씀에 순종하지 못하고 자녀답게 살지 못하는 연약한 내 모습과 죄 된 양심을 향하여 흘리는 눈물이 애통입니다.

자신이 바라고 계획한 뜻이 이루어지지 않거나 잘못된 실수와 실패에서 오는 눈물이나 무엇을 소유하지 못해서 우는 울음은 애통이 아닙니다. 하나님을 가까이하고 싶은 부르짖음과 울음이 애통입니다.

하나님 앞에서 나의 부족함 때문에 눈물을 흘리며 애통하는 자가 되어야 합니다. 자신의 죄에 대한 철저한 회개와 눈물을 흘리는 자가 하나님의 위로를 받는 복된 사람입니다. 죄는 하나님을 사랑하지 못하고 하나님과의 관계를 끊게 만듭니다.

다윗 왕은 밧세바와의 불륜의 죄를 짓고 나서 눈물로 침대를 적시며 더러운 죄인임을 회개하였습니다.

시편 51편 9-11절
"주의 얼굴을 내 죄에서 돌이키시고 내 모든 죄악을 지워 주소서
하나님이여 내 속에 정한 마음을 창조하시고
내 안에 정직한 영을 새롭게 하소서

> 나를 주 앞에서 쫓아내지 마시며
> 주의 성령을 내게서 거두지 마소서."

예수님의 수제자 베드로는 닭 울기 전에 예수님을 모른다고 저주하며 도망갔습니다. 그 후로 복음을 전하다가도 어디를 가든지 닭 우는 소리만 들리면 "주님, 제가 지난날에 어쩌다가 주님을 모른다고 저주까지 하며 주님을 저버린 비겁하고 추한 죄인입니다"라고 눈물로 애통하며 복음을 전했습니다.

성경에 나온 인물들만 아니라 교회사에 위대한 성자일수록 자신의 죄에 대한 애통함이 크다는 것을 보게 됩니다.

사도 바울 다음으로 교회사에 큰 영향력을 끼친 성 어거스틴 St. Augustinus, 354~430은 《참회록》을 썼습니다. 영국의 유명한 설교가 찰스 스펄전 Charles Haddon Spurgeon, 1834~1892 목사는 15세에 회심하기 전 7년 동안 죄로 인한 고통의 시기를 보낸 그때의 자신을 두더지보다 못한 존재라고 여겼습니다. 미국 청교도 신앙을 물려받은 최고의 영적 거인 조나단 에드워즈 Jonathan Edwards, 1703~1758는 자신의 죄가 얼마나 큰지 자신은 지옥 밑바닥에 떨어져도 모자라는 사람이라고 여겼습니다. 이와 같이 하나님 앞에 회개의 눈물을 흘리며 애통하는 사람이 복 있는 사람입니다.

우리가 생활하는 집과 사무실을 보면 유리와 거울이 많습니다. 먼저 유리는 앞이 잘 보입니다. 상대방의 모습도, 불평할 만한 현실의 모습도 잘 보입니다. 그러나 거울은 앞이 보이지 않습니다. 오로지 자신의 모습만 보입니다. 똑같은 유리인데도 뒤에 수은이 칠해져 있기 때문에 거울에는 자기만 비치는 것입니다.

참된 그리스도인은 유리가 아닌 믿음의 거울 앞에 서서 자신의 허물과 약점을 보고 죄스런 모습을 보는 사람입니다. 나는 이렇게 죄와 허물이 많은데 하나님은 나를 사랑해 주시고 은혜를 베풀어 주셨음을 감사하며 사는 사람입니다.

우리는 하나님 앞에 신앙이 성숙할수록 회개의 깊이도 깊어지고 언제나 겸손한 거울 앞에서 살아가야 합니다. 하나님을 더욱 가까이 의지하고 사랑하지 못한 연약함을 향하여 애통하며 사는 자가 위로를 받는 복된 사람입니다.

우리의 신앙은 눈물을 먹고 자랍니다. 하늘에서 비가 내려야 만물이 소생하고 푸른 초원이 되듯이 우리 심령에도 영혼의 단비가 내려야 은혜가 살아나고 건강한 믿음이 될 수 있습니다. 애통하는 사람은 하나님을 더 사랑하려고 항상 거울 앞에 서는 사람입니다.

둘째, 내 가족과 내 이웃을 위해 애통하라

하나님께서 이 땅 가운데 사는 우리에게 주신 최고의 선물은 가정입니다. 이 세상의 모든 보화를 가정이라는 그릇에 담으셨습니다. 인간의 삶을 영위하는 가장 기본적인 단위가 가정입니다.

가정은 사회의 기초 공동체로 그 안에서 사랑과 배려, 의사소통, 도덕성, 가치관, 세계관, 인내, 용서, 사랑, 협력, 질서의식 등을 배우고 가르쳐 주어야 합니다. 우리들의 가정이 바르고 건강해야 좋은 영향력으로 이웃들과 좋은 관계를 만들어갈 수 있으며, 더 나아가 건강하고 행복한 세상이 세워지게 됩니다.

'가정'家庭은 '집 안에 정원'이라는 뜻으로 행복하고 아름다운 가정은 사랑과 관심으로 가꾸어지는 것입니다. 우리의 가정이 행복한 가정이 되려면 무엇보다 가정을 설계하고 만드신 하나님을 주인으로 모셔야 합니다. 그래야 행복하고 아름다운 가정이 될 수 있습니다.

가정의 주인 시편 23편을 편집
"여호와가 우리 가정의 주인이시니 부족함이 없으리로다
때로는 사망의 음침한 골짜기로 다닐지라도
해 받을 것을 두려워하지 않음은 주께서 우리 가족과 함께하심이라
주가 우리 가족의 머리 위에 기름을 바르시니
행복의 잔이 넘치나이다

두 번째 복 _ "애통하는 자는 복이 있나니 그들이 위로를 받을 것임이요"

주의 인자하심이 정녕 우리 가정에 있을 것이니 우리 가정은 영원히 여호와의 집에 거하리로다"

오늘 우리들은 하나님을 경외하고 믿음의 정원 안에 살아가지 못하는 자신뿐 아니라 자녀들과 가족들을 위하여 애통하는 눈물이 마르지 않아야 합니다. 하나님께 더 가까이 가는 가정이 되도록 부모와 남편, 아내, 자녀들을 품고 눈물로 애절하게 기도할 수 있어야 합니다.

그 눈물로 인하여 남편과 아내와 자녀들이 살아나게 되고 복 있는 사람으로 길이 열릴 것입니다. 애통의 눈물이 세상의 험한 파도를 넘어서게 합니다. 우리가 가족과 내 이웃의 영혼을 위하여 불쌍히 여기고 우는 울음이 애통입니다. 그 애통하는 눈물의 기도로 인하여 모두가 위로의 복을 받게 됩니다.

어거스틴St. Augustinus, 354~430은 초대교회 가장 위대한 교부로서 중세 초기의 큰 발자취를 남긴 인물입니다. 교부신학과 중세 신학은 그의 신학 체계 아래 조화를 이루었습니다. 예수님 이후 어거스틴이 위대한 성자가 된 것은 훌륭한 어머니 모니카의 덕분이었습니다. 어거스틴은 청소년기에는 신앙을 버리고 카르타고에서 죄악의 달콤함에 깊이 빠졌으며, 흑인 노예 여자와 동거하여 18세에 아들 아데오다투스Adeodatus를 낳았습니다. 20대에는 기독교 종파가 아닌 혼합 종교의 형태를 지닌 이단 마니교에 빠졌습니다. 어거스틴의 어머니는 이러한 타락과 방황 속에서 불신앙적인 삶을 산 어거스틴을 위해 하루도 빼놓지 않고 날마다 애통하며 눈물로 살아갔습니다.

어거스틴은 극심한 영적 갈등 중에 밀란에서 시 대변인 직을 사임하고 친구의 별장으로 휴가를 떠났습니다. 거기서도 영적 갈등으로 인해 전전긍긍하던 중에 마침 담 너머에서 아이들의 노랫소리가 들려왔습니다. '집어서 읽어라'Tolle lege라는 노랫말이었습니다. 성령께서 이 노랫말을 통해 어거스틴의 마음을 사로잡았습니다. 어거스틴은 곧바로 성경을 들고 폈는데 로마서 13장 13-14절의 말씀이 눈에 들어왔습니다.

"낮에와 같이 단정히 행하고 방탕하거나 술 취하지 말며 음란하거나 호색하지 말며 다투거나 시기하지 말고 오직 주 예수 그리스도로 옷 입고 정욕을 위하여 육신의 일을 도모하지 말라."

이 말씀을 통해 어거스틴은 통곡하며 회심하고 그 자리에 주저앉았습니다. 하나님의 은혜가 임하였습니다.

그동안 자식을 위해 애통하며 눈물 흘린 어머니의 기도 속에 아들의 마음이 녹았습니다. 어머니의 영혼에서 터져 나온 눈물의 기도가 강퍅한 마음을 녹였습니다.

어거스틴은 회심하여 고향으로 돌아와서 모든 재산을 가난한 사람들에게 나눠 주고 수도원 생활을 시작했습니다. 하나님을 사랑하는 일에 모든 에너지를 집중하면서 성직자로 안수를 받고 41세에 북아프리카 히포알제리 안나바의 주교395년가 되어 목회를 하면서 신학적 작업에 전념했으며 76세430년에 세상을 떠났습니다.

그는 《고백록》이라는 위대한 작품을 남겼습니다. 그 책에서 그는 "내가 나 된 것은 오로지 하나님의 은혜입니다"라고 하나님과 세상 앞에 선언합니다. 바울의 신학과 신앙의 영향을 받았던 그의 학문은 마틴 루터, 칼빈, 존 웨슬리에게 큰 영향을 미치면서 기독교 역사 가운데 사도 바울 다음으로 교회에 큰 영향을 끼친 인물이 되었습니다.

오늘 우리들의 눈물에 애절한 기도가 내 가슴을 적시고 가족과 이웃의 마음을 움직이며 하나님의 마음까지도 움직입니다. 그래서 "애통하는 자는 복이 있나니 그들이 위로를 받을 것임이요"라고 말씀하고 있습니다.

하나님 앞에서 자신을 발견한 사람으로서 나와 자녀들과 가족과 이웃들의 죄를 불쌍히 여기며 한 번이라도 애통하지 않았다면 신앙인으로서 무엇인가 잘못되었습니다. 하나님 앞에서 자신을 적나라하게 보이지 않았다는 것이고 심령이 가난한 자리에 서지 못한 것입니다. 하나님과 멀어지며 타락해 가는 가족과 이웃들의 영혼을 품고 기도와 애통의 눈물이 마르지 않아야 합니다. 우리는 하나님 앞에 전적으로 애통하는 눈물의 기도자가 되어야 합니다.

셋째, 하나님의 나라가 세상 속에 이루어지도록 애통하라

우리가 살아가는 세상은 정치, 경제, 문화, 종교가 서로 영향을 미치며 유기적인 관계 속에 함께 가는 총체적인 사회입니다. 종교가 사회 안에 있고 종교적 신념을 가진 사람들이 그 사회 안에서 일원으로 살아가므로 종교가 사회의 변화와 질서에 영향을 미치며 관여하고 있다는 것은 자명한 일입니다.

기독교 신앙인이라면 우리들이 속한 사회와 국가가 정의롭고 민주적이며 도덕적이고 영적으로 세워져 가도록 지속적인 관심과 힘을 기울여야 할 의무가 있습니다. 예수님의 정신과 가치가 정치, 경제, 사회, 문화 속에 실현되도록 사명감을 가지고 살아가야 합니다. 그곳에 하나님의 나라가 꽃을 피울 것입니다.

기독교 가톨릭, 개신교

한국의 기독교는 크게 보면 가톨릭과 개신교로 나뉘어 있습니다. 로마 가톨릭교회가 처음 들어올 때부터 한국의 기독교 역사가 시작되었습니다. 하지만 기독교 교단 명칭에서 알 수 있듯이 개신교Protestant, 監督敎會라는 단어를 거의 사용하지 않고 기독교라고 쓰고 있고, 천주교는 가톨릭과 병행하여 사용하고 있습니다.

천주교 전래 과정

조선의 천주교는 1784년 정조 8년에 이승훈이 북경에 동지사 일행으로 가서 예수회 신부인 그라몽Louis de Grammont에게 자청하여 영세를 받고 돌아와 정약전, 정약종, 정약용 3형제와 이벽이 연구하여 신앙 공동체인 교회를 세웠습니다.

조선의 개혁을 바라는 젊은 선비들에 의해 천주교는 서학서양 종교와 학문으로 들어와 조선의 유교 문화조상 제사에 대한 거부 속에서 4대 박해신유박해 1791년, 기해박해 1801년, 병오박해 1846년, 병인박해 1866년와 순교 속에 복음을 전했습니다.

기독교의 전래 과정

1816년 영국의 바질 홀Basil Hall, 1788~1844이 서해안 측

량을 목적으로 입국하여 주민들에게 성경을 나누어 주었고,

1832년 칼 귀츨라프Karl F. A. Gützlaff, 1803~1851가 한문 성경을 서해안 지방에 나누어 주었습니다.

1866년 9월 2일에는 토마스Robert J. Thomas, 1840~1866 목사가 미국 상선 제너럴셔먼 호를 타고 대동강변에 입국하여 성경을 전하며 순교하였습니다.

기독교의 선교는 1884년 7월 맥클레이Robert Samuel Maclay, 1824~1907가 고종 황제에게 학교와 병원에 대한 선교를 허락받았고, 1885년 4월 5일 부활절에 인천 제물포항에 언더우드와 아펜젤러가 공식 선교사로 입국하면서 시작되었습니다.

선교사들이 학교배재학당, 경신학교, 이화학당, 정신여학교, 기전학교, 신흥학교, 정명학교, 수피아여학교, 매산학교, 영명학교, 멜볼딘학교 등와 병원광혜원=제중원, 현 연세대세브란스병원을 세웠고, 특히 문맹 퇴치성경을 한글로 번역하면서 민족의 언어가 되도록 큰 기여를 함와 계몽운동반상의 구분 폐지, 남녀평등을 펼쳤습니다.

또한 일제 강점기에 독립운동과 민주주의 기반을 수립하였고, 해방 이후에 대한민국 건국에 결정적인 기여를 했습니다. 기독교가 우리나라의 역사 속에 근대화와 민주화, 산업화를 통한

국가 성장에 발판이 되었습니다. 한국 근대사에 획을 긋는 역할을 하였습니다.

2021년 12월 2일, 제53회 대한민국 국가조찬기도회
- 문재인 대통령 연설 중에서

"이 땅에 기독교가 시작된 지 130년, 한국교회는 나라가 위기에 처할 때마다 항상 공의를 선포하고 가난한 이들을 품었습니다. 우리나라 최초의 병원인 제중원을 비롯해 기독교인들이 세운 병원에서 환자들을, 약자들을 치료했습니다. 우리와 같이 눈물 흘리는 예수님처럼 한국교회도 국민들에게 용기를 주었습니다. 이웃과 자연의 고통을 나의 고통으로 여기고 함께 극복하기 위해 손 내밀고 기도해 주시는 모든 지도자와 성도 여러분께 경의를 표합니다. 여러분이 행한 사랑의 실천이 대한민국을 마침내 선진국으로 도약시키는 동력이 되었습니다."

그러나 오늘날에 기독교는 현대 사회가 바라는 공교회성을 잃어버리고 사회적 영향력이 약화되어 가고 있습니다. 다시 한번 믿음의 선조들이 신앙과 애국을 하나로 알며 참된 신앙인으로 근·현대사를 이끌어서 역사의 중심에 있었던 것을 기억해야 합니다. 그리하여 기독교의 영성이 회복되어 세상 속에 희망을 주는 소금과 빛의 역할을 감당해야 합니다. 선한 영향력을 흘려 보낼 수 있어야 합니다.

우리는 교회가 세상의 희망이 되도록 회개하고 애통해야 합니다. 폭력, 음란, 성범죄, 낙태, 살인, 악플, 중독, 동성애 등 생명 경시와 범죄뿐 아니라 가정의 회복, 양성 평등, 사회적 약자 보호, 이단과 종교다원주의 문제, 경제적 불평등 해소, 민주주의와 평화, 환경 재앙과 지구 살리기, 전염병 등 우리의 생활 전반에 미치는 영향들을 진단할 수 있어야 합니다.

우리가 살아가는 이 땅이 죄악의 자리에 이르지 않고 거룩한 하나님의 나라가 이루어지도록 애통하는 눈물의 기도가 절실한 시대를 살아가고 있습니다. 기독교인으로서 건강한 개인과 가정, 사회, 더 나아가 국가와 인류를 위한 희망의 씨앗이 되어야 합니다.

예레미야 선지자는 유다 백성의 죄와 그로 인해 처해질 심판과 멸망을 생각하며 눈물로 기도하고 애통했습니다 애 2:11-19. 우리가 살아가는 지금, 그때보다 더 죄에 무감각해지고 믿음의 가치가 무너져 가는 시대상을 볼 줄 아는 사람은 눈물을 흘리지 않을 수 없습니다.

이 나라의 죄를 나의 죄처럼 생각하고 십자가 밑에 눈물을 흘리고 애통하는 진정한 신앙인이 되어야 합니다. 하나님은 예레미야처럼 눈물로 애통하며 기도하는 사람을 통해 죄악으로 물든 곳이 회복되게 하시고 선하신 뜻을 이루실 것입니다.

하나님께서는 남유다 히스기야 왕이 병이 들어 죽게 되어서 얼굴을 벽으로 향하고 기도하며 심히 통곡할 때 "내가 네 기도를 들었고 네 눈물을 보았노라"라며 그에게 생명을 연장시켜 주었습니다. 하늘의 해 그림자를 10도 뒤로 물러가게 하는 징표도 보여 주셨습니다 왕상 20:1-11.

우리가 어떤 이유로든 하나님 앞에 나와서 엎드려 애통하며 우는 울음은 복이 없거나 저주 받는 것이 아닙니다. 오히려 슬픔과 고통 가운데서 주의 옷자락을 적시며 기도하는 사람에게 복이 있다고 하십니다. 우리의 눈물을 아시는 하나님께 애통하며 사는 그 자체가 우리에게 위로이고 소망이며 행복입니다. 주님은 우리의 위로입니다.

더 나아가서 '애통하는 자는 복이 있다'라고 하신 삶의 위로는 이 땅에서 영구적인 것이 아니라 주님 다시 오시면 모든 슬픔과 애통이 다 사라질 완벽한 위로입니다.

> 요한계시록 21장 4절
> "모든 눈물을 그 눈에서 닦아 주시니 다시는 사망이 없고 애통하는 것이나 곡하는 것이나 아픈 것이 다시 있지 아니하리니 처음 것들이 다 지나갔음이러라."

넷째, 위로받은 자로서 위로자의 삶을 살아야 한다

이 땅에 살아가는 사람들은 가난과 실패와 좌절뿐 아니라 질병과 죽음의 두려움 속에서 살아가고 있습니다. 하지만 누군가의 따뜻한 위로와 도움 속에서 어려움과 고통을 이겨나가고 새로운 삶을 살아가기도 합니다. 위로와 격려는 치료와 회복의 능력이 있습니다.

선교사님들이 이 땅에 복음을 들고 들어오기 전에 조선 땅에는 낮은 자들을 위한 병원이나 학교가 없었습니다. 선교사님들은 그 당시 소외되고 가난한 자들을 위해 병원을 세워 치료해 주었습니다. 학교를 세워 교육을 받게 하며 위로자가 되어 주었고 소망을 갖게 하였습니다. 예수님은 이 민족의 암울한 역사 속에서 구원자가 되시고 참된 위로자가 되셨습니다.

우리가 하나님의 자녀가 되어서 좋은 것이 무엇입니까? 주님께서 우리의 모든 허물과 죄를 다 덮어 주시고 용서해 주시기 때문에 주님의 품속이 좋고 주님의 사랑이 좋은 것입니다. 주님은 우리의 죄와 허물을 용서해 주시고 참된 위로자가 되어 주십니다.

어떤 사람에게 조우라는 충성된 노예가 있었습니다. 주인은 모든 일을 그와 의논하며 그에게 많은 일을 맡기고 있었습니다.

어느 날 주인은 조우와 함께 또 다른 노예를 사기 위해 노예 시장에 갔습니다. 많은 노예들이 상품처럼 진열되어 있는데 유달리 늙고 힘없는 한 노예가 끼어 있었습니다. 주인은 힘이 좋고 젊은 노예를 사려는데 조우가 병든 노예를 사자고 주장해서 주인은 조우의 말대로 그 노예를 사 왔습니다.

병든 노예는 집에 와서도 별로 일을 하지 못했지만 조우는 열심히 그를 간호하고 잘 돌보아 주었습니다. 주인은 조우에게 일도 못하는 그 노예를 무엇 때문에 그토록 극진히 돌보는가 하고 물었습니다. 조우는 눈물을 흘리며 말했습니다.

"저 노예는 나의 원수입니다. 내가 어렸을 때에 나를 유괴해서 노예 상인에게 팔아 지금의 신세가 되었습니다. 그런데 뜻밖에 저 사람도 노예가 되어 병들어 있습니다. 내가 그의 얼굴을 보는 순간 성경에 '원수를 사랑하라'는 말씀이 떠올랐습니다. 저는 이제 그가 세상을 떠날 때까지 사랑할 것입니다. 끝까지 용서할 것입니다."

정말 인간적으로 어려운 이야기이지만 여기에 평안이 있고 승리가 있으며 문제의 해결이 있습니다.

사람의 마음속에는 모두 어느 누구에게도 말하기 어려운 억울함이 있고, 괴로움을 당한 상처와 아픔이 있습니다. 이 세상을 살아오면서 상처가 없는 사람은 없습니다. 나무 한 그루도 자랄 때 여러 가지 위기와 어려움을 넘어야 든든한 나무로 성장하듯이, 한 사람이 살아갈 때도 생각조차 하기 싫은 억울함과 괴로움을 당하기도 합니다. 그러나 그것을 마음에 오래 품고 있으면 안 됩니다. 하나님이 나를 사랑하신 것처럼 나도 모든 사람을 사랑해야 됩니다. 하나님이 나의 죄를 용서하신 것처럼 나도 모든 사람의 죄를 용서하고 마음을 풀어야 합니다. 용서하며 사는 사람이 하나님의 사람이고, 베푸는 사람이 아름다운 사람이며 위대한 사람입니다. 위로는 말로만 하는 것이 아니라 사랑과 격려이고 행위로 나타내는 실천입니다.

우리 주위에 있는 가난하고 굶주린 자에게 먹을 것을 주며, 헐벗은 자에게 입을 옷을 주고, 아픈 상처가 있는 사람은 싸매어 주며 도와줄 때 위로가 됩니다. 그 위로 속에 어려운 고통을 인내하며 소망을 가지고 힘 있게 살아갈 수 있습니다. 가까이에 있는 사람을 살피고 돌볼 줄 아는 겸손을 향한 애통 속에 내 이웃이 위로를 받으며 살 만한 세상이 이루어지는 것입니다.

우리들은 주님으로부터 더 큰 용서와 사랑과 위로를 받고 사는 존재로서 이웃에게 그 위로와 사랑을 흘려보내는 참된 위로자가 되어야 합니다. 그 사람이 바로 복 있는 사람입니다.

결론적으로 하나님과 이웃을 사랑하지 못하게 하는 자신의 죄를 놓고 애통하며 예수님을 믿지 않는 가족과 이웃들의 영혼을 위해서 눈물을 흘려야 합니다. 더 나아가서 이 나라와 민족을 생각하고 하나님의 나라가 이 땅 가운데 이루어지도록 눈물로 기도하며 애통하는 믿음의 사람이 되어야 합니다. 그리하여 내가 살고, 나로 인하여 우리 가정과 한국교회와 나라와 민족, 세계 열방에 거룩한 하나님의 나라가 이루어지기를 소망합니다.

세 번째 복

"온유한 자는 복이 있나니
그들이 땅을 기업으로 받을 것임이요"

Μακάριοι οἱ πραεῖς,
ὅτι αὐτοὶ κληρονομήσουσιν τὴν γῆν.

마카리오이 호이 프라에이스
호티 아우토이 클레로노메수신 텐 겐

창문 열기

　팔복의 세 번째 복인 "온유한 자는 복이 있나니 그들이 땅을 기업으로 받을 것임이요"에서 '온유'는 어떠한 상황에서든지 하나님의 뜻에 전적으로 순종하고 따르는 자세, 하나님의 손에 길들여진 성품을 말합니다.
　"땅을 기업으로 받을 것임이요"란 말은, 이 땅에서 실재적인 땅을 소유하는 것이 아니라 하나님께서 주시는 의와 평강을 삶의 터전에서 누리게 됨을 뜻하는 말씀입니다. 더 나아가서 이스라엘 백성이 가나안 땅에 들어가 안정과 평화를 누리듯이 예수 그리스도 안에 구원받은 자로서 영원한 하나님의 나라를 소유하게 된다는 말씀입니다.

온유한 자는 복이 있나니
그들이 땅을 기업으로 받을 것임이요

온유한 자는

구약성경에서 '온유'^{따뜻할 溫, 부드러울 柔, 성격이 온화하고 부드러운 것}란 히브리어로 '아나우'인데 '가난한', '비천한', '곤란한', '겸손한', '온유함'을 의미하는 단어로 '고통스럽고 괴로운 마음 상태'를 말합니다. 본뜻은 비천하고 억압된 노예 상태입니다. 즉, '아나우'는 하나님 앞에서 자신을 비천한 노예와 같은 종으로 여기고 전적으로 순종하며 어떤 상황에서든지 분노하거나 교만한 생각을 품지 않는 것을 말합니다. 온유는 자신의 존재 자체가 하나님으로부터 주어졌음을 알고 하나님과 사람들 앞에서 겸손과 겸허함으로 살아감을 의미합니다.

헬라어로 온유는 형용사로 '프라우스'praus인데 상냥한, 온화한, 온유한을 의미하고, 명사로는 '프라우테스'prautes로 온유함을 의미합니다. 온유란 사람에 관해서는 분노, 난폭, 매정하지 않을 뿐 아니라 온화하고 관대하며, 위로하고 진정시키며 오랫동안 기다려 주는 것을 의미합니다. 동물과 사물에 관해서는 온순하고 유순하게 잘 길들이고 진정시키는 데 쓰여진 단어입니다.

그러므로 온유의 전체적인 의미는 어떤 고난과 고통으로 완성되고 훈련을 통해서 다듬어지며 만들어진 인격체에게 부여된 성품입니다. 즉, 하나님 앞에 자신의 비천함을 인식하고 주인 되신 하나님께 길들여진 상태로 순응하는 모습을 말합니다. 온유란 하나님의 뜻에 순종하고 따르는 자세입니다.

팔복에서 말씀하는 "온유한 자"는 타고난 것이나 인간의 노력으로 이루어진 성품이 아니라, 성령님이 우리 마음에 오셔서 만들어 주시고 열매로 주어지는 후천적인 것입니다. 성령님이 우리 마음에 오셔서 예수님을 구주로 고백하게 하시고, 가난한 마음과 애통의 마음을 주시며, 온유한 인격으로 만들어 주십니다. 온유하고 겸손한 예수님을 닮은 모습으로 그리스도 안에 거하여 드러나는 성품이 온유입니다.

그들이 땅을 기업으로 받을 것임이요

구약성경을 배경으로 보면 '땅'이란 하늘과 구별된 어느 지역, 유대 땅, 육지, 흙, 온 세상을 가리킬 때 사용되었습니다. 이스라엘의 구속사적 의미로는 젖과 꿀이 흐르는 가나안 땅을 말합니다. 이 땅은 토지적 의미가 아니라 땅의 풍요와 부족함이 없는 모든 것들이 가득 찬 이상적인 땅을 의미합니다.

신약성경에 심으면 열매를 맺는 좋은 땅을 말하고 있지만 영적인 의미에서는 사람을 말하고 있습니다. 주기도문에 '하나님의 뜻이 하늘에서 이루어진 것같이 땅에서도 이루어진다'라는 말씀에서 땅은 사람들 속에서 하나님의 뜻이 이루어진다는 것을 뜻합니다.

'기업'은 '클레로노메오'Klhronomevw로 '상속하다', '유업을 받다'라는 뜻입니다. '땅을 기업으로 받는다'라는 말은 이스라엘 백성들이 가나안 땅을 유업으로 받은 것에서 유래합니다.

이집트의 노예로 살았던 보잘것없는 이스라엘 백성들이 하나님의 은혜로 가나안 땅을 유업으로 받은 것처럼, 하나님의 나라도 자기의 힘과 능력으로가 아니라 예수님을 믿고 의지하는 사람이 얻게 된다는 말씀입니다. 땅의 진정한 뜻은 이스라엘 백성들이 약속에 땅인 가나안 땅에 들어간 것처럼 예수님을 구주로 고백하는 자들이 들어갈 하나님의 나라입니다. 그러므로 우리들은 이 땅에서 주어지는 보상을 넘어서 장차 받아 누릴 하나님 나라의 그날을 바라보며 사는 신앙인이 되어야 합니다.

우리가 '땅을 기업으로 받는다'란 것은 장차 하나님의 나라에서 영원히 거하게 된다는 것만이 아니라, 이 땅에서 토지의 소유권과 지배권ownership을 얻는다는 말도 포함되어 있습니다. 여기서 말하는 소유권은 이 땅에서 실제적인 땅의 소유권이 아닙니다. 하나님께서 맡겨 주신 삶의 터전에서 하나님의 의와 평강과 희락을 누리는 특권을 선물로 받게 됨을 말합니다.

즉, 내가 온유하면 나의 땅과 주권이 넓어지고 확장된다는 의미가 있습니다. 내가 온유하면 내가 만나는 사람을 온유하게 할 수 있고 주변 사람들도 온유해진다는 말입니다.

'온유한 자가 땅을 기업으로 받는다'란 영적인 땅을 받는다는 것으로 영원한 하나님의 나라를 소유하게 되는 것이고, 이스라엘 백성이 가나안 땅에 정착하여 안정과 평화를 누리듯이 풍성한 삶을 누리게 된다는 것입니다.

행복한
사람들의 삶

우리는 땅을 기업으로 받기 위해서 온유한 성품의 신앙인이 되어야 합니다. 마음이 부드럽고 고운 땅이 되도록 해야 하며 모든 것을 수용하는 인내의 사람이 되어야 합니다.

그리고 온유하고 겸손하신 예수님을 닮아 가야 합니다. 그래야 하나님의 나라를 소유할 수 있습니다. 온유한 자가 되어서 나와 더불어 살아가는 모든 사람에게 큰 기쁨과 행복이 되고 하나님께 영광이 되기를 소망합니다.

첫째, 마음을 부드럽고 고운 땅이 되게 하라

'온유'란 따뜻하고 부드럽다는 뜻입니다. 우리의 마음이 부드럽고 고운 땅이 되어야 합니다. 황무지를 좋은 땅으로 일구려면 잡목과 잡초를 제거하고 작은 돌과 큰 돌들을 골라내는 고단한 작업이 있어야 합니다. 좋은 땅은 사람이 꾸준히 가꿀 때 만들어지는 것입니다. 그리고 씨앗을 심고 사랑하는 마음으로 경작해야 좋은 열매를 수확할 수 있습니다.

이와 같이 마음도 고운 땅이 되려면 끊임없는 영적 훈련과 습관이 필요합니다. 하나님의 말씀을 듣고 마음에 심어서 지키며 인내할 때 좋은 열매를 거두게 됩니다. 우리는 좋은 땅이 되기 위하여 노력해야 합니다. 성령님의 도우심이 있어야 합니다.

또한 온유한 자세는 부드러운 천이나 쿠션과 같습니다. 이사할 때 유리그릇이나 도자기처럼 깨지기 쉬운 것을 운반할 때는 부드러운 천이나 쿠션 있는 포장지로 쌉니다. 아니면 신문지나 스티로폼 같은 것으로 완충 역할을 하게 합니다. 그러면 운반 중에 그릇이 서로 부딪쳐도 깨지지 않습니다. 우리가 유리그릇을 바닥에 떨어뜨리면 보통은 쨍그랑 깨지지만, 엄밀히 말하면 바닥이 무엇이냐에 따라 다릅니다. 푹신한 침대 위에 떨어뜨리면 상하지 않을 것입니다. 쿠션은 다른 물건과 부딪쳐도 충격을 흡수하며 부드럽게 맞이합니다.

사람 사이에도 온유한 사람이 있으면 사람 사이의 완충 역할을 해서 그 공동체의 분위기를 좋게 만들어 줍니다. 말 한마디를 하더라도 따뜻하고 부드러운 말을 해야 합니다.

우리는 가정과 교회와 직장에서 쿠션과 같은 사람이 되어야 합니다. 상대방이 화를 내면 같이 화를 내고, 내가 저 사람을 짓눌러서 이기려 하지 말고 부드럽게 대하는 사람이 되어야 합니다. 우리는 부드러운 말을 해야 하고 따뜻한 눈빛과 미소와 행복한 표정의 분위기로 다가서야 합니다. 인생을 길게 보면 온유한 사람이 행복하고 잘 살게 됩니다.

둘째, 모든 것에 수용하며 인내하는 사람이 되라

온유한 자세에 대한 가장 대표적인 가르침은 "네 오른편 뺨을 치거든 왼편도 돌려 대며"라는 말씀입니다. 오른편 뺨을 치면 왼편의 뺨을 돌려 대라고 하는데, 오른편 뺨을 맞는다면 상대방은 왼손으로 치든지 오른손 손등으로 치는 것인데, 이는 인격적으로 큰 수치와 모멸감을 주는 행위입니다. 또한 왼손으로 치는 것은 약하기에 더 세게 치는 오른손이 치면 맞게 되는 왼쪽 뺨을 돌려 대라고 합니다. 이것은 상대방이 나를 더 세게 쳐도 맞을 수 있도록 적극적으로 맞을 준비를 하라는 말씀입니다.

> 마태복음 5장 39-42절
> "나는 너희에게 이르노니 악한 자를 대적하지 말라 누구든지 네 오른편 뺨을 치거든 왼편도 돌려 대며 또 너를 고발하여 속옷을 가지고자 하는 자에게

겉옷까지도 가지게 하며 또 누구든지 너로 억지로 오 리를 가게 하거든 그 사람과 십 리를 동행하고 네게 구하는 자에게 주며 네게 꾸고자 하는 자에게 거절하지 말라."

세상은 어떻게든 말과 행동으로 다른 사람들과 싸워서 이기면 능력 있는 사람이고 행복인 줄 알지만, 예수 그리스도를 믿는 사람은 악한 자를 대적하지 말며 왼편 뺨을 돌려 대는 것이 진정한 승리임을 말씀합니다. 한 대 맞았다고 해서 화를 내며 혈기를 부리면서 거칠게 대하지 말라는 것입니다. 오히려 상대방에게 져 주며 그의 뜻을 따라 주는 모습을 가지라고 합니다. 우리는 누구에게나 원수라도 수용하며 인내하는 사람이 되어야 합니다.

에베소서 4장 2-3절
"모든 겸손과 온유로 하고 오래 참음으로 사랑 가운데서 서로 용납하고 평안의 매는 줄로 성령이 하나 되게 하신 것을 힘써 지키라."

다윗은 원수도 하나님께 맡기는 사람이었습니다. 사울이 교만하여 불순종할 때 하나님은 그를 버리고 어린 목동 다윗을 선택하셨습니다. 어린 목동 다윗은 블레셋의 골리앗을 물맷돌 하나로 물리쳤습니다. 사울은 다윗을 사위로 삼기도 했지만 그의 인기가 날마다 올라가자 그를 죽이려고 합니다. 사무엘상 24장을 보면 사울은 심지어 군사 3천 명을 거느리고 다윗을 잡으러 다녔습니다.

어느 날 다윗은 동굴 안으로 피하여 깊은 곳에 숨어 있었습니다. 그런데 사울이 다윗을 잡으러 왔다가 다윗이 숨어 있는 동굴인 줄을 모르고 동굴에 들어가서 용변을 보았습니다. 다윗은 얼마든지 복수하고 사울을 죽일 수 있었지만 사울의 옷자락만 가만히 잘라 내었습니다. 그러나 그 후에 다윗은 하나님이 세운 사람의 옷을 잘라 낸 것조차 크게 후회합니다. 이러한 자세가 온유한 사람의 모습니다. 결국 사울은 전쟁에 나가 죽었고 나라는 다윗에게 넘어왔습니다. 온유한 자가 하나님의 기업을 이 땅에서의 분깃으로 받는 것입니다.

민수기 12장을 보면 하나님은 모세의 형 아론과 그의 누이 미리암에게 "이 사람 모세는 온유함이 지면의 모든 사람보다 더하더라"라고 말합니다. 즉, 당신들의 동생 모세가 이 세상의 모든 사람보다 온유하다고 하나님이 인정했다는 것입니다.

> 민수기 12장 1-3절
> "모세가 구스 여자를 취하였더니 그 구스 여자를 취하였으므로 미리암과 아론이 모세를 비방하니라 그들이 이르되 여호와께서 모세와만 말씀하셨느냐

> 우리와도 말씀하지 아니하셨느냐 하매
> 여호와께서 이 말을 들으셨더라
> 이 사람 모세는 온유함이 지면의 모든 사람보다 더하더라."

　모세는 원래가 온유한 사람이 아니었습니다. 이집트에서 자기 동족을 괴롭히는 사람을 때려죽인 전과자였습니다. 그러나 미디안에서 40년간 고난의 세월 속에 하나님을 가까이하여 하나님의 영이 그의 속에 들어가 모세를 바꾸어 놓았습니다.

　모세가 잡족인 구스 여인을 취하여 결혼한 사건이 있었습니다. 구스 여인은 출애굽할 때 대열에 포함되어 이스라엘 속에서 물이나 긷고 심부름하는 이방 여인으로 잡족이며 피부 색깔이 까만 천한 여인이었습니다. 그래서 모세의 누이 미리암이 세상에 여자가 없어서 하필이면 그런 여자를 취하였느냐며 비난했습니다. 그 형 아론도 같이 모세를 비방했지만 모세는 이 모든 것을 극복했습니다.

　모세는 미리암과 아론의 비방과 반대와 불평을 듣고도 아무런 말을 하지 않았습니다. 이것이 온유한 자의 태도입니다. 그러나 온유하지 못한 자는 설명이 길고 핑계가 많습니다. 반드시 해명하려 합니다. 그러나 모세는 말이 없습니다.

　이 문제로 미리암은 얼굴에 나병(한센병)이 생겨서 눈과 같이 희어졌습니다. 하지만 모세는 하나님께 고쳐 달라고 부르짖었습니다.

세상 사람이 전부 내 마음에 들 수 없으며, 내 의견이 전부 옳은 것이라고 할 수 없습니다. 모두가 내 의견과 생각에 동의하지 않습니다. 그렇다고 불평하지 말아야 합니다. 그때 온유한 사람은 인내합니다. 수용합니다. 포용합니다. 용서합니다. 그리할 때 하나님께서 길을 열어 주십니다.

욥은 하루아침에 모든 재산을 다 잃고 열 자녀마저 죽었습니다. 그러나 하나님의 섭리와 방법을 원망하지 않고 낙심하지 않았습니다. 하나님을 전적으로 신뢰하고 수용합니다. 끝까지 견디고 인내하며 의탁을 합니다.

> 욥기 1장 20-22절
> "욥이 일어나 겉옷을 찢고 머리털을 밀고 땅에 엎드려 예배하며 이르되 내가 모태에서 알몸으로 나왔사온즉 또한 알몸이 그리로 돌아가올지라 주신 이도 여호와시요 거두신 이도 여호와시오니 여호와의 이름이 찬송을 받으실지니이다 하고 이 모든 일에 욥이 범죄하지 아니하고 하나님을 향하여 원망하지 아니하니라."

우리는 다윗과 같이 온유하고, 모세와 같이 "온유함이 지면의 모든 사람보다 더하더라"민 12:3 라고 인정받을 뿐 아니라, 욥과 같이 모든 것을 수용하고 인내하며 땅을 기업으로 받아 누리는 행복한 사람이 되기를 바랍니다.

셋째, 온유하고 겸손하신 예수님을 닮아가라

예수님은 온유하고 겸손하신 분이었습니다. 우리는 예수님의 삶을 한 구절이라도 닮아 가야 합니다.

> 마태복음 11장 29-30절
> "나는 마음이 온유하고 겸손하니 나의 멍에를 메고 내게 배우라 그리하면 너희 마음이 쉼을 얻으리니 이는 내 멍에는 쉽고 내 짐은 가벼움이라 하시니라."

기독교의 본질은 예수님을 닮는 것입니다. 우리가 정말 예수님을 닮지 않으면 아무런 의미가 없습니다. 교회 생활을 오랫동안 하면서 성경을 많이 읽고 기도와 찬양과 봉사를 많이 하며 그 어떤 직분을 받은 것이 사람 앞에는 중요할지 모르지만 예수님 앞에선 전혀 중요하지 않습니다. 얼마나 내 삶이 예수님을 배우며 닮아 가고 있느냐가 중요합니다. 신앙생활에서 최상의 예배와 성경 공부, 기도는 주님을 닮는 것입니다. 예수님을 믿고 우리 속에 변화된 온유와 겸손함이 삶의 열매로 나타나는 것이 중요합니다. 예수님은 우리를 향해 좋은 나무가 되어서 열매를 맺으라고 하십니다.

> 마태복음 7장 16-18절
> "그들의 열매로 그들을 알지니
> 가시나무에서 포도를, 또는 엉겅퀴에서 무화과를 따겠느냐
> 이와 같이 좋은 나무마다 아름다운 열매를 맺고
> 못된 나무가 나쁜 열매를 맺나니
> 좋은 나무가 나쁜 열매를 맺을 수 없고
> 못된 나무가 아름다운 열매를 맺을 수 없느니라."

우리들의 신앙생활이 어떻게 열매로 나타나느냐가 중요하다는 말입니다. 내가 만나는 사람들과의 관계 속에서 나의 말투와 표정 속에 진실함과 예의가 있는가, 직장에서 맡은 일을 어떻게 하고 사람들을 어떻게 대하는가, 돈을 어떻게 다루고 사는가 등 이러한 것들로 사람들은 우리를 평가합니다. 그리고 그 평가는 항상 예수님을 믿고 교회를 다니는 것과 연결됩니다.

열매는 그 지역의 토질과 그 나무에 수종과 그해 날씨와 농부의 농사법과 성실한 면까지 모든 정보를 담고 있습니다. 즉, 그리스도인도 삶 속에 좋은 열매로 여실히 드러나게 마련입니다.

사실 예수 그리스도의 마음을 우리 안에 모실 때 우리가 좋은 나무가 되어 좋은 열매가 열립니다. 우리가 온유하고 겸손해서 예수님을 믿는 자가 되는 것이 아니고 예수님을 믿음으로 온

유하고 겸손한 사람이 되며 좋은 열매가 열리는 것입니다. 그리스도의 은혜를 받아서 삶의 좋은 열매를 맺는 것이지 내가 노력해서 맺는 것이 아닙니다. 그러므로 열매를 탓하지 말아야 합니다. 좋은 나무가 되는 것은 바로 예수 그리스도의 마음을 우리 안에 심겨지게 하는 것입니다.

고염나무에 좋은 감을 접붙이는 것은 고염나무 열매를 얻기 위해서가 아닙니다. 좋은 감을 얻기 위한 것입니다. 바로 신앙생활이란 예수님께 접붙여서 그분으로 공급받고 좋은 열매를 거두는 일입니다.

살아가면서 때로는 나를 어렵게 하고 힘들게 하며 공연히 괴롭히는 사람을 만납니다. 그들을 아무리 사랑하려 해도 안 되기에 고민하기도 합니다. 그때 그 사람을 사랑하려고 하지 말고, 예수님을 사랑하십시오. 그러면 예수님으로부터 사랑의 힘을 받아 원수라도 사랑할 수 있습니다. 예수님을 사랑하면 모든 사람을 사랑할 수 있습니다.

초대교회 스데반 집사는 원수들에게 돌에 맞아 죽으면서도 "주여 이 죄를 그들에게 돌리지 마옵소서"행 7:60라고 용서하는 기도를 하였습니다. 스데반 집사가 이처럼 할 수 있었던 것은 예수님을 바라보고 원수를 사랑할 수 있는 힘과 능력을 얻었기 때문입니다.

우리는 살아가면서 아무리 진실하려고 노력해도 한계가 있습니다. 그러나 예수님을 사랑하면 진실할 수 있습니다. 우리가 온유하고 겸손하기 위해 인간적으로 노력해도 한계가 있습니다. 그러나 예수님을 사랑하면 온유하고 겸손한 길로 갈 수 있습니다. 온유와 겸손의 성품은 주님께로부터 옵니다. 사람은 처음부터 온유하거나 겸손할 수 없습니다. 예수님을 사랑함으로 인하여 얼마든지 온유해지고 겸손해집니다.

주님은 우리에게 좋은 나무가 되어 선한 열매가 있는 삶을 살기를 원하십니다. 우리는 주님을 닮아야 합니다. 온유한 마음은 저절로 얻어지는 것이 아닙니다. 주님을 잘 섬기는 신앙생활을 통해서 받을 수 있습니다. 우리가 예수님을 사랑하면 온유하고 겸손한 삶의 열매가 열릴 것입니다.

넷째. 온유한 자 되어 땅을 기업으로 받으라

한 남자분이 약국에 들어가 약사에게 부탁했습니다. "선생님 딸꾹질이 멎는 약 좀 주십시오." 약사가 빙긋 웃으면 말했습니다. "그래요? 잠시만 기다리십시오." 그 말을 하고 약사가 약을 찾는 척하더니 갑자기 약을 사러 온 남자의 뺨을 철썩 후려쳤습니다. 그리고 히죽거리며 말했습니다. "어때요? 딸꾹질이 멈추었죠?" 그러자 뺨을 맞은 남자가 약사를 빤히 쳐다보며 이렇게 말했습니다. "선생님, 딸꾹질 하는 사람은 내가 아니고 우리 아내예요."

이와 같이 뺨을 내리치는 약사의 모습이 우리들의 모습은 아닙니까? 손만이 아닙니다. 말과 문자로든 그 어떤 행동으로든 때리면 안 됩니다. 온유하지 않으면 어떤 사람도 얻을 수 없습니다.

온유한 자가 하나님 나라의 예표인 가나안 땅을 기업으로 얻는 것처럼, 이 세상도 상속받게 됩니다. 땅을 다스리는 복을 주십니다. 나를 비난하고 헐뜯는 가족이나 이웃이 있어도 끝까지 온유하면 하나님은 그 사람을 땅으로 주실 것입니다. 온유한 사람이 가정 안에서도 행복한 땅을 소유하게 됩니다. 온유한 부모가 자녀를 땅으로 얻습니다. 온유하면 마음에 언제나 평화가 임합니다. 온유한 사람은 하나님도 좋아하시고 누구나 다 좋아합니다.

더 나아가서 온유한 사람은 영원히 없어지지 않는 땅, 하나님의 나라를 소유하게 됩니다. 우리가 생각할 때 하나님의 나라는 믿음으로 가는 곳인데 온유한 자가 어떻게 가느냐 할 수 있습니다. 하나님의 나라는 당연히 예수 그리스도를 구주로 고백하고 믿는 자에게 주어집니다. 그러나 이 세상을 살아가면서 마지막까지 믿음을 지키고 신앙생활을 잘하는 것이 그렇게 간단하지 않습니다.

이스라엘 백성을 보면 출애굽을 하고 가나안 땅에 이르기까지 전적으로 하나님을 신뢰해야 하는데 불평과 원망이 끊이지 않았습니다. 교만, 거짓, 간음과 우상숭배 속에서 결국은 가나안 땅에 입성하지 못하고 광야에서 죽고 말았습니다.

결국 온유한 자가 땅을 기업으로 받는다는 것은, 온유한 자로 하나님께 길들여지고 변화된 사람은 믿음이 떨어지거나 변질되지 않는다는 말입니다. 온유한 사람이 하나님의 나라에 들어갈 때까지 믿음을 지속할 수 있습니다. 그래서 온유한 자가 가나안 땅의 예표인 하나님의 나라를 기업으로 받게 되는 것입니다.

"나는 마음이 온유하고 겸손하니 나의 멍에를 메고 내게 배우라"마 11:29라고 하신 말씀이 내 평생 최고의 신앙의 목적이 되어야 합니다. 예수님의 생애가 내 삶 속에 스며들어서 마음이 온유하고 복 있는 사람으로 참된 평안과 행복을 누릴 수 있어야 합니다. 더 나아가서 하나님 나라의 기업을 받은 자로서 주님께 영광 돌리는 인생이 되기를 소망합니다.

네 번째 복

"의에 주리고 목마른 자는 복이 있나니
그들이 배부를 것임이요"

Μακάριοι οἱ πεινῶντες καὶ διψῶντες τὴν δικαιοσύνην,
ὅτι αὐτοὶ χορτασθήσονται.

마카리오이 호이 페이논테스 카이 딥숀테스 텐 디카이오쉬넨
호티 아우토이 코르타스데숀타이

창문 열기

　팔복의 네 번째 복인 "의에 주리고 목마른 자는 복이 있나니 그들이 배부를 것임이요"에서 '의'는 하나님의 본성입니다. 우리는 예수 그리스도를 믿음으로 구원을 받아 의롭게 되는 것입니다. 그리고 '주리고 목마른 자'란 육체적인 배고픔이 아니라 하나님의 임재와 은혜를 간절히 소망하는 것을 의미합니다.

　또한 "배부를 것임이요"란 하나님의 의를 간구하는 자에게 영원한 생명수가 되시는 예수님으로 배부르게 됨을 뜻하고 있습니다. 한편 하나님의 의를 위해 주리고 목마름으로 살아가고 있는 것, 그 자체가 복입니다.

의에 주리고 목마른 자는 복이 있나니
그들이 배부를 것임이요

의에 주리고 목마른 자는

성경에서 '정의'正義는 올바른 도리로서 사람들 사이에 정당한 관계를 말하며 하나님의 본성을 표현합니다. '공의'公義는 공명정대함으로 하나님 보시기에 올바르게 행하는 것이며 '의'義로도 번역되고 있습니다. '의'義란 일반적으로 죄가 없는 상태를 말하지만, 성경은 하나님을 믿으며 예수 그리스도 안에 있는 자를 의로운 자로 말하고 있습니다.

히브리어로 '의'는 '체데크'체다카, Tzedakah로 '공정', '공의', '의'를 뜻하는 말이고, 헬라어로 '의'義란 '디카이오수네'Dikaiosune인데 하나님과 올바른 관계를 의미하는 단어로 쓰입니다. 영어 번역

NIV은 '라이처스'Righteous로 '정의', '옳은', '공정한', '정당한'이란 의미로 사용하고 있습니다.

성경은 정의, 공의, 의를 지키고 행하는 자에게 복이 있고 하나님께서 기쁘게 여기신다고 말씀하고 있습니다.

시편 106편 3절
"정의를 지키는 자들과 항상 공의를 행하는 자는 복이 있도다."

잠언 21장 3절
"공의와 정의를 행하는 것은 제사 드리는 것보다 여호와께서 기쁘게 여기시느니라."

팔복에서 '의'란 '디카이오쉬네'Dikaiosyne로 '하나님과의 올바른 관계'를 의미하는 단어입니다. 우리가 하나님의 지음을 받은 존재로서 하나님을 전적으로 의지하고 순종하며 살아가는 삶을 말씀합니다. 의는 하나님의 본성입니다. 우리가 하나님과 바른 관계 안에서 원하시는 길을 걸어갈 때 삶 속에 예수님의 성품이 드러나게 됩니다.

우리가 양심적으로 도덕적인 삶을 살고 율법을 잘 지키며 살아감으로 의로운 사람이 되거나 의에 도달할 수 있는 것이 아닙니다. 율법은 의로운 사람으로 살아가라고 주신 것이지 율법을 지켜서 의인이 되라고 주신 것은 아닙니다. 로마서 3장 10절에 "의인은 없나니 하나도 없으며"라고 선언합니다.

예수 그리스도를 믿음으로 구원을 받아 의롭게 되는 것입니다. 예수 그리스도 자체가 의이기에 예수님을 믿음으로 그분의 의가 우리 안에 들어와서 의롭게 될 수 있고 의로운 삶을 살아갈 수 있습니다.

'주리고'의 헬라어 '페이나오'Peinavw는 '배고프다', '굶주리다', '열망하다'라는 의미로 사람이 배가 너무 고픈데 먹을 것이 없고 힘들어서 허기진 상태를 말합니다. 이 단어는 예수님이 누가복음 4장 2절 "날 수가 다하매 주리신지라"에서 사용되었고, 제자들이 안식일에 굶주려 이삭을 잘라 먹던 말씀과 가난하고 굶주린 자의 전도와도 관련되어 있습니다. 그 외에도 예수님께서 주리고 목마른 사람으로 자신을 감추며 나타나시는 상황에서도 사용되고 있습니다 마 25:37, 25:42.

'주리고'란 아무것도 먹지 못해 배고픔의 한계에서 굶주림의 고통을 의미하는 단어이지만, 팔복에서는 하나님의 대한 절실한 요구와 갈망을 의미합니다.

'목마른 자'의 '딥사오'Diyavw는 '목이 마르다', '갈급해하다' '강렬하게 열망하다'라는 의미로 목이 타서 갈증을 느낄 때를 표현하는 단어입니다. 우리가 살아가면서 몸의 생명을 위하여 반드시 음식이 필요하듯이 먹고 마시는 자연적인 목마름을 말하고 있지만 팔복에서는 하나님의 의에 대한 갈급함을 말씀하고 있습니다. 즉, 의에 주리고 목마른 자는 하나님의 의를 갈망하는 자를 말합니다.

그들이 배부를 것임이요

"배부를 것임이요"의 '코르타조'Cortavzw는 '배부르다'라는 뜻으로 배고픈 욕구가 완전히 해결되어 만족했음을 말합니다. 더 이상 부족함이 없는 상태로 평안하게 되었음을 뜻합니다. 팔복의 메시지는 육체적인 배고픔이 아니라 하나님 안에서 누리는 의에 대한 만족과 배부름을 말씀합니다.

하나님의 임재와 은혜를 목말라하는 자에게 채워 주시고 배부름을 주십니다. 하나님은 자기의 죄를 회개하는 자에게 죄 사함과 용서와 긍휼의 배부름을 주십니다. 하나님은 영혼의 굶주림을 알고 말씀과 기도에 목말라하는 자에게 배부름을 누리게 하십니다.

우리는 세상의 것에 배부르지 않고 하나님의 의에 배부른 삶을 살아가야 합니다. 하나님의 의에 주리고 은혜를 간구하는 자에게 영원하신 생명의 떡이신 예수님으로 배부르게 하십니다.

팔복에서 "의에 주리고 목마른 자는 복이 있나니 그들이 배부를 것임이요"란 하나님의 거룩하신 뜻을 이루기를 간절히 원하는 삶을 의미합니다.

하나님의 의가 채워지기를 노력할수록 더 큰 복을 받게 되지만, 예수님은 의에 주리고 살아가는 그 자체가 복이 있으며 영원히 배부르게 됨을 말씀하고 있습니다.

시편 34편 9-10절
"너희 성도들아 여호와를 경외하라
그를 경외하는 자에게는 부족함이 없도다
젊은 사자는 궁핍하여 주릴지라도
여호와를 찾는 자는 모든 좋은 것에 부족함이 없으리로다."

이사야서 49장 10절
"그들이 주리거나 목마르지 아니할 것이며
더위와 볕이 그들을 상하지 아니하리니
이는 그들을 긍휼히 여기는 이가 그들을 이끌되
샘물 근원으로 인도할 것임이라."

행복한
사람들의 삶

오늘을 사는 현대인들은 인기와 성공과 명예와 권력에 목말라합니다. 또한 어떻게 하면 돈을 많이 모아서 좋은 집, 좋은 차, 좋은 건물을 소유할 수 있을까에 집착하고 살아가는 사람들이 많습니다. 그러나 주님은 우리에게 의에 주리고 목마른 자가 복이 있다고 말씀하십니다.

우리가 하나님의 자녀로서 행복한 인생을 살아가려면 내 안에서 주님과 더 깊은 만남을 갖기 위해 목마름을 가지고 살아야 합니다. 하나님은 의를 위해 주리고 목마른 삶 속에 영원히 목마르지 않는 해갈을 주십니다.

첫째, 의롭게 살려고 몸부림치는 자가 되라

세상 사람들이 말하는 의는 도덕적이고 윤리적으로 사람들이 지켜야 할 도리를 말합니다. 이러한 표준은 시대마다 상황마다 변합니다.

그러나 성경에서 말하는 의란 하나님과 이웃 앞에서 나 자신과의 깨끗하고 공의로운 관계를 갖는 것입니다. 삶의 전 영역에서 하나님의 뜻에 일치하게 사는 것입니다. 의롭다는 것은 정직하게 살고 양심적으로 살려는 마음입니다. 우리는 의롭게 살기 위해 몸부림치며 살아가야 합니다.

옛날 어머니에게 효성이 아주 지극하고 나라도 잘 다스리는 왕이 있었습니다. 왕은 백성들이 법을 반드시 지키도록 형벌들도 엄하게 했습니다. 법을 어기는 사람은 누구든지 잡아다가 40대씩 매를 쳤습니다. 이른바 태형입니다. 그러자 나라의 질서가 제대로 잡혔습니다.

그런데 어느 날, 공교롭게도 왕의 어머니가 범죄를 저질러서 왕 앞에 붙들려 왔습니다. 신하들과 백성들은 저마다 근심스러운 얼굴로 '저 효성이 지극한 왕이 이제 자기 어머니를 어떻게 할 것인가, 만일에 어머니를 봐준다면 모처럼 세운 이 나라의 공의와 질서는 와르르 무너져버릴 텐데 과연 어찌 될 것인가?' 걱정을 했습니다. 재판장 자리에 앉아 있는 왕은 깊이 생각에 잠겼다가 한참만에야 무겁게 입을 열어 명령했습니다.

"저 여자를 기둥에 묶으라! 그리고 법대로 40대를 쳐라!"

다들 깜짝 놀랐습니다. 어쩔 줄을 몰라 벌벌 떨었습니다. 그러나 왕의 명령이니 따를 수밖에 없었습니다.

그러나 막 치려는 순간, 갑자기 왕이 달려들어 옷을 벗고 어머니를 꽉 껴안았습니다. 그는 어머니를 대신하여 40대의 매를 고스란히 맞았습니다. 왕의 등에서 피가 줄줄 흘러내렸습니다. 결국 이렇게 해서 왕이 나라의 공의를 드높이 세웠습니다.

우리가 세상 사람들이 누리는 부나 명예와 권력을 가지지 못한 것이 부끄러운 게 아닙니다. 의롭게 살지 못하고 의를 행하지 못하는 것이 부끄러움이며 죄입니다. 매주 예배드리며 사는 신앙의 사람이라면, 하나님의 의로우심을 닮은 자로 양심대로 진실하게 살려고 노력해야 합니다. 나와 내 자녀가 하나님 앞에 의롭게 살려는 몸부림 속에 행복한 세상이 이루어지게 되고 하나님의 나라가 꽃을 피우는 복을 누리게 될 것입니다.

둘째, 하나님의 의에 목마른 자가 되라

하나님의 의란 예수 그리스도를 말합니다. 즉, 예수님을 통하여 죄 사함을 받고 구원받기 원하는 목마른 사람이 되어야 합니다. 구원을 향한 갈증이 있어야 합니다.

> 갈라디아서 2장 20절
> "…나를 사랑하사 나를 위하여 자기 자신을 버리신 하나님의 아들을 믿는 믿음 안에서 사는 것이라."

하나님의 아들을 믿는 믿음 안에서 사는 것이 의를 위하여 사는 것입니다. 예수님의 사랑을 더 깊이 알고 이해하기 위하여 마음에 갈증과 배고픔을 품고, 주님 앞으로 더 가까이 나아가기를 원하는 사람이 의에 주리고 목마른 사람입니다.

요한복음 4장을 보면 사마리아 지역에 수가라 하는 동네에 야곱의 우물이 있었습니다. 예수님이 우물 곁에 앉으시니 사마리아 여인이 물을 길으러 나왔고 예수님은 그 여인에게 물을 좀 달라고 하십니다. 그녀는 유대인들이 상종도 하지 않고 벌레처럼 취급하는 사마리아 사람이었습니다.

 사마리아 사람들

이스라엘은 사울, 다윗, 솔로몬을 이어 르호보암이 왕이 되었을 때 남과 북으로 나뉘었고, 훗날 북이스라엘 앗수르에 멸망, 남유다 바벨론에 멸망, 포로로 끌려감 순서로 멸망했습니다. 바벨론은 앗수르와 중동지역의 나라들을 점령한 후 피정복국가들의 민족성과 사상들을 없애기 위해 혼혈 정책을 씁니다.

사마리아 지방은 북이스라엘의 수도입니다. 이곳을 점령한 바벨론은 귀족들을 포로로 잡아가고 근처에 에돔 사람들과 앗수르 사람들을 이주시켜 혼혈 족속으로 만들어 버립니다. 그 후에 70년 포로 생활을 마치고 돌아온 이스라엘의 정통 혈통에 속한 사람들은 사마리아 사람들을 이방인들보다 못하게 대했습니다. 민족의 반역자와 사생아로 취급하며 경멸했습니다. 그래서 유대인들은 그 지방에 가는 것뿐만 아니라 사마리아 사람들을 만나는 것 자체를 금기시하였습니다.

예수님은 이러한 사마리아 사람의 장벽을 넘어서 상처투성이며 부도덕한 여인을 불쌍히 여기시고 만나신 것입니다.

그리고 행복한 가정을 갖지 못한 부끄러운 과거가 있는 상처투성이 여인이었습니다. 삶의 모욕감과 수모는 말할 수 없었습니다. 그래서 사람들을 만나는 것이 두려워서 아무도 찾지 않는 뜨거운 낮 시간에 물을 길러 나온 것입니다.

예수님은 살기 위해 우물물을 길러 온 그녀의 곤한 삶 속에 찾아와서 영원히 목마르지 아니하는, 영생하도록 솟아나는 샘물을 주셨습니다.

> 요한복음 4장 14절
> "내가 주는 물을 마시는 자는 영원히 목마르지 아니하리니
> 내가 주는 물은 그 속에서 영생하도록 솟아나는 샘물이 되리라."

행복한 삶에 목말라하던 사마리아 여인은 예수님을 만남으로 지난 삶의 수많은 절망, 아픔, 슬픔, 수치심을 버리고 기쁨을 맛보았습니다. 영원히 목마르지 않게 하시는 생명의 근원이신 예수님을 영접하면서 죄의 짐을 벗겨 주신 영적인 기쁨으로 충만해졌습니다. 우물가의 여인은 샘솟는 기쁨, 하늘로부터 큰 빛이 비치는 기쁨을 소유하게 된 것입니다.

그녀는 가지고 온 물동이를 버려 두고 동네로 들어가서 사람들에게 그리스도를 만났다고 외칩니다. 사마리아 여인의 그 소리에 사람들은 예수님께 나와 생명의 말씀을 들으며 예수님을 믿고 영접하게 되었습니다.

> 로마서 3장 22-24절
> "곧 예수 그리스도를 믿음으로 말미암아
> 모든 믿는 자에게 미치는 하나님의 의니 차별이 없느니라
> 모든 사람이 죄를 범하였으매
> 하나님의 영광에 이르지 못하더니
> 그리스도 예수 안에 있는 속량으로 말미암아 하나님의 은혜로
> 값 없이 의롭다 하심을 얻은 자 되었느니라."

네 번째 복 _ "의에 주리고 목마른 자는 복이 있나니 그들이 배부를 것임이요"

하나님의 의란 예수 그리스도 외에는 없고, 예수 그리스도가 나를 의롭게 하신다고 말씀합니다. 하나님은 예수 그리스도의 구원에 목말라하는 영혼에게 만족을 주시며 주린 영혼에게 좋은 것으로 채워 주십니다. 우리가 하나님의 의를 사모하며 목마른 자 될 때 생명의 떡이신 예수님으로 영원히 배부르게 될 것입니다.

셋째, 하나님의 의가 실현되도록 살아가라

우리는 하나님의 의로 배가 부르며 하나님의 의가 실현되도록 삶을 살아가야 합니다. 하나님의 의의 열매가 있는 곳에 기쁨과 행복이 있고 하나님의 나라가 펼쳐집니다.

우리에게 감동을 주는 "혹시 예수님 아니신가요?"란 이야기가 있습니다. 폴이라는 한 회사원이 뉴욕에서 중요한 미팅을 마치고 팀 동료와 공항으로 가기 위해 거리로 나왔습니다. 금요일 오후 저녁 시간이어서 교통 체증이 심해 택시 잡는 것이 불가능해 보였습니다. 그런데 정말 기적적으로 빈 택시 하나가 그들에게 다가왔습니다. 이 택시를 보는 순간 다른 동료들이 쏜살같이 달려가서 그 택시를 잡아탔습니다.

그런데 문제가 발생했습니다. 너무 빨리 달려오는 바람에 길가 노점상의 야채 과일 박스를 쳐서 과일과 야채가 바닥으로 굴러 떨어진 것입니다.

폴의 일행 중 어느 누구도 이를 개의치 않으며 택시를 탔습니다. 그러나 폴은 택시를 타지 않고 그 자리에 순간 멈추어 섰습니다. 택시 안의 동료들이 외쳤습니다. "빨리 타! 이 택시 타지 않으면 비행기 놓친다." 그럼에도 불구하고 폴은 자기를 놔두고 먼저 가라며 일행을 떠나보냈습니다.

그러고 나서 노점상 할머니에게 다가갔는데 할머니가 울고 있었습니다. 자세히 가서 봤더니 앞을 보지 못한 시각장애인이었습니다. 눈이 성한 사람이라면 바닥에 흩어진 과일이나 야채를 주우면 그만인데, 할머니는 앞을 보지 못하니 어떻게 그 과일과 야채를 주워 담을 수가 있겠습니까? 그래서 앉아 울고 있는 할머니를 위로하고 땅바닥에 떨어진 야채와 과일을 하나씩 줍기 시작했습니다.

이때도 폴 곁에 수많은 사람들이 지나갔지만 자기 갈 길만 바쁜지 아무도 할머니의 울음과 폴의 행동에 관심을 갖지 않았습니다. 폴이 야채와 과일을 다 정돈하고 지갑에서 돈을 꺼내 할머니 손에 쥐어 주면서 이렇게 말했습니다. "할머니, 이 돈이면 손해 보신 것은 충분히 해결될 것 같습니다." 그랬더니 그 할머니가 이렇게 묻는 것입니다. "혹시 예수님 아니신가요?"Are you Jesus? 이 말을 들은 폴이 당황하며 "나는 절대 예수가 아닙니다"라고 대답했습니다.

그때 시각장애인 할머니가 아니라면서 계속 이렇게 말했다고 합니다.

"조금 전 노점 가판대가 넘어지고 과일과 야채가 땅에 떨어질 때 제가 도움 요청할 분은 예수님 한 분밖에 없었습니다. 그래서 저는 예수님께 기도했습니다. '예수님 나에게 다가오셔서 제발 나를 도와주십시오.' 그랬는데 기도의 응답처럼 당신이 와서 나를 도와주었으니까, 당신은 예수님이 틀림없습니다."

그날 밤 폴은 비행기를 놓치는 바람에 집으로 돌아가지 못하고 하룻밤을 더 뉴욕 호텔에 머물면서 한밤중에 자신에게 이런 질문을 던졌다고 합니다.

'누군가가 당신을 예수님 같다고 착각하게 했을 때가 언제인가?'

우리는 가슴에 손을 얹고 깊이 생각해 볼 수 있어야 합니다. 나는 정말 작은 예수가 맞나? 나의 삶의 방향과 목적은 바른가? 나의 필요보다 다른 사람의 필요를 먼저 생각하고 기꺼이 양보하며 하나님의 의가 실현되도록 살아가고 있는가?

만일 내가 예수님처럼 이웃을 사랑하고 희생하므로 누군가에게 살아갈 힘과 소망을 준다면 분명 나 한 사람 때문에 이 세상은 더 아름답고 행복해질 것입니다. 하나님의 의가 내 안에 심기도록 성령의 은혜를 구하고 이 땅에 하나님의 의가 실현되도록 삶을 살아가야 합니다.

결론적으로, 하나님은 스스로가 의로우신 분입니다. 의는 하나님의 본성입니다. 의란 하나님의 나라를 위해 신앙인답게 살려고 몸부림치며 목말라하는 간절한 마음을 말합니다. 어떻게 하면 좀 더 편하고 자유롭게 신앙생활을 할 수 있을까 하는 마음을 버려야 합니다. '나는 부족한 것이 없다'라는 마음이 자리 잡지 못하도록 일생 동안 마음이 목마른 자로 살아야 합니다.

하나님의 일에 헌신하고 싶은 목마름과 영혼을 구하려는 목마름으로 살아가야 합니다. 교회의 부흥과 성장을 위한 목마름과 세상 속에 하나님의 의가 실현되는 목마름을 위해 살아야 합니다. 일생 동안 의에 주리고 목마른 사슴이 되어서 삶의 풍성한 배부름으로 복 있는 인생이 되기를 바랍니다.

> 요한복음 6장 35절
> "예수께서 이르시되 나는 생명의 떡이니 내게 오는 자는 결코 주리지 아니할 터이요 나를 믿는 자는 영원히 목마르지 아니하리라."

다섯 번째 복

"긍휼히 여기는 자는 복이 있나니
그들이 긍휼히 여김을 받을 것임이요"

Μακάριοι οἱ ἐλεήμονες, ὅτι αὐτοὶ ἐλεηθήσονται.
마카리오이 호이 엘레에모네스 호티 아우토이 엘레에데손타이

창문 열기

팔복의 전반부 네 번째 복까지는 하나님과의 관계이고 다섯 번째 복부터는 이웃과의 관계된 삶에 대해서 말씀하고 있습니다.

다섯 번째 복인 "긍휼히 여기는 자는 복이 있나니 그들이 긍휼히 여김을 받을 것임이요"란 하나님의 긍휼을 입은 자로서 긍휼의 삶을 살아가는 사람이 복을 받은 사람이라는 말씀입니다.

긍휼은 하나님의 본성입니다. 하나님은 긍휼히 행하는 자에게 더 큰 긍휼을 주십니다. 우리들은 긍휼을 베푸신 하나님의 영원한 사랑을 기억하고 공급받으면서 긍휼히 여기는 자의 삶을 살아야 합니다.

긍휼히 여기는 자는 복이 있나니
그들이 긍휼히 여김을 받을 것임이요

긍휼히 여기는 자는

히브리어로 기록된 성경을 헬라어로 번역한 70인역에서 '헤세드'Chesed라는 단어를 '엘레오스'Eleos로 쓰고 있습니다. '헤세드'는 '자비', '인자', '긍휼', '은혜'란 의미이고, '엘레오스'는 '긍휼'로 번역합니다. '엘레오스'는 '슬픔', '애통', '자비', '은혜'란 원뜻을 가진 단어입니다.

국어사전에서 '긍휼'矜恤이란 불쌍히 여겨서 도와주는 것이라고 말합니다. 그러나 성경에서 '긍휼'이나 '자비'는 단순히 가엽게 여기는 동정을 말하지 않습니다. 우리들의 죄로 인하여 받게 될 진노와 형벌을 받지 않게 하고 불쌍히 여기며 용서하시는 하나님의 사랑을 의미합니다. 하나님께서 우리에게 베풀어 주시는 긍휼은 무한합니다. 긍휼은 하나님의 속성입니다.

예레미야애가 3장 22-23절
"여호와의 인자와 긍휼이 무궁하시므로 우리가 진멸되지 아니함이니이다 이것들이 아침마다 새로우니 주의 성실하심이 크시도소이다."

에베소서 2장 4-5절
"긍휼이 풍성하신 하나님이 우리를 사랑하신 그 큰 사랑을 인하여 허물로 죽은 우리를 그리스도와 함께 살리셨고 너희는 은혜로 구원을 받은 것이라."

우리는 하나님의 긍휼함이 있기에 자녀로서 삶을 살아가고 있습니다. 하나님의 긍휼은 예수님의 십자가 사랑과 희생에 근거합니다. 우리는 예수님께서 우리들의 죄악을 담당하고 십자가를 지므로 베푸신 긍휼을 받아 복된 삶을 살아가는 자들입니다. 예수님은 우리에게 이웃을 긍휼히 여기며 살아가는 것이 그리스도인의 본질적인 특성임을 선언하고 있습니다.

그러나 긍휼을 남을 도와주고 불쌍히 여겨주며 도와주라는 도덕적인 선한 행함을 독려하는 차원으로 이해해서는 안 됩니다. 하나님의 자비와 은혜의 필연성을 공감하는 긍휼이어야 함을 기억해야 합니다.

현재 긍휼이란 단어는 일상생활에서 거의 사용되지 않으며 사랑, 자비, 인애, 용서, 친절, 따뜻한 마음과 동일한 의미로 폭넓게 사용되고 있습니다.

긍휼히 여김을 받을 것임이요

하나님은 이 세상을 살아가는 모든 사람들을 긍휼히 여기고 사랑을 베푸시는 분입니다. 하나님은 모든 사람들에게 햇빛과 비와 공기를 동일하게 주십니다. 또한 세상 속에 살아가는 사람들을 즉각적으로 심판하지 않고 인내와 사랑으로 기다려 주며 심판을 계속 유예하셔서 살아가게 하십니다.

하나님은 여전히 기다려 주고 안아 주며 긍휼을 베풀어 주십니다. 우리는 긍휼히 여김을 받고 오늘을 살아가고 있습니다. 하나님의 긍휼을 입은 자만이 하나님의 백성이 될 수 있습니다.

우리가 지금 하나님의 자녀로 구원의 기쁨을 누리고 있다는 것 자체가 하나님의 긍휼하심에 근거하고 있음은 부인할 수 없는 증거입니다.

디도서 3장 5-7절
"우리를 구원하시되
우리가 행한 바 의로운 행위로 말미암지 아니하고
오직 그의 긍휼하심을 따라
중생의 씻음과 성령의 새롭게 하심으로 하셨나니
우리 구주 예수 그리스도로 말미암아
우리에게 그 성령을 풍성히 부어 주사
우리로 그의 은혜를 힘입어 의롭다 하심을 얻어
영생의 소망을 따라 상속자가 되게 하려 하심이라."

베드로전서 2장 10절
"너희가 전에는 백성이 아니더니
이제는 하나님의 백성이요
전에는 긍휼을 얻지 못하였더니
이제는 긍휼을 얻은 자니라."

"긍휼히 여김을 받는 것임이요"는 예수님이 우리를 향한 긍휼의 마음이 나의 마음에 살아나고 예수님의 사랑이 흘러가기를 선포하신 말씀입니다.

우리는 내게 긍휼의 마음을 주셔서 나의 주변 사람들의 마음을 돌아보고 그들의 아픔을 보고 느낄 수 있도록 예수님의 마음을 허락하여 달라고 기도해야 합니다. 그리고 그 마음을 행동으로 옮길 수 있어야 합니다.

우리가 긍휼을 이미 받아 누리는 자로서 긍휼을 행하며 하나님의 긍휼하심을 더욱 사모하면 하나님은 측량할 수 없는 더 큰 긍휼로 복을 베풀어 주실 것입니다. 우리가 하나님의 긍휼을 드러내는 긍휼의 통로로 되어야 합니다.

오늘 내가 받은 긍휼이 다른 사람을 향한 긍휼의 마음으로 싹이 자라나고, 그 은혜가 따뜻한 사랑의 재료가 되어 행복한 하나님의 나라를 이루어가는 데 큰 영향력을 드러내는 누룩이 되기를 소망합니다.

행복한 사람들의 삶

주님은 우리에게 긍휼히 여기는 자가 복이 있다고 말씀합니다. 나는 하나님의 긍휼이 없이는 안 되는 존재이고, 그런 마음으로 사람을 대하는 것이 긍휼입니다. 우리는 하나님께 긍휼을 입은 자로 살아가야 하고 긍휼의 통로가 되어야 합니다. 더 나아가서 하나님으로부터 영원한 사랑을 공급받으면서 그 누구라도 불쌍히 여기고 용서하며 긍휼함으로 더 큰 사랑을 행할 수 있어야 합니다.

첫째, 나부터 긍휼이 필요한 존재임을 인식하라

우리는 나부터 긍휼이 필요한 존재임을 인식하며 살아야 합니다. 우리 모두는 하나님의 긍휼이 없이는 안 되는 존재입니다. 누가복음 10장 30-37절을 보면 어떤 율법 교사가 예수님을 시험하기 위해 무엇을 하여야 영생을 얻겠느냐고 질문을 합니다. 예수님은 선한 사마리아인의 비유로 말씀하십니다.

"어떤 사람이 예루살렘에서 여리고로 가는 길에 강도를 만나 거의 죽게 되었는데, 그 앞을 지나가는 제사장과 레위인은 그를 피하여 지나갔다. 그런데 어떤 사마리아인은 그를 불쌍히 여겨 가까이 가서 기름과 포도주를 그 상처에 붓고 싸매고 자기 짐승에 태워 주막으로 데리고 가서 돌보아 주었다. 그리고 이튿날 주막 주인에게 데나리온 둘을 주면서 '이 사람을 돌보아 주고 더 들면 돌아올 때에 갚으리라'라고 말했다."

이 이야기에서 사마리아인은 강도 만나 죽어가는 한 사람을 불쌍히 여기고 살립니다. '불쌍히 여겨'가 바로 긍휼이고 자비입니다.

이 말씀 속에서 강도 만나 쓰러져 있는 자는 죄와 허물로 죽어가는 우리 모두의 실체이고 나 자신입니다. 우리는 하나님의 긍휼과 사랑이 주어져야 살 수 있는 연약한 존재임을 알아야 합니다. 나는 강도를 만나서 거의 죽게 된 자이며, 선한 사마리아인의 긍휼이 있어야 살 수 있습니다. 예수님의 영원한 긍휼을 삶 속에서 공급받아야 합니다. 즉, 예수님의 긍휼을 힘입어야 영생에 이르는 것입니다.

예수님은 죄 가운데 죽어가는 우리를 만나주시고 마음과 몸의 깊은 상처를 십자가의 사랑으로 어루만지시며 구원하셨습니다. 우리들은 십자가의 은혜 없으면 살 수 없는 존재입니다.

둘째, 예수님을 닮은 긍휼의 통로가 되라

선한 사마리아인의 비유에서 먼저는 나 자신이 강도 만난 자임을 알 수 있습니다. 그리고 우리는 사마리아인과 같이 우리를 불쌍히 여기시며 구원해 주신 예수님을 닮은 긍휼을 베푸는 자로 살아가야 합니다. 예수님은 삶 전체가 긍휼히 여기는 삶이었습니다.

약하고 병든 자, 억눌리고 고통당한 자, 소외되고 억압당한 자들, 그 당시에 최고의 설움을 받은 고아와 홀로된 여인 그리고 죄인들의 친구가 되셨고 그들을 안아 주며 긍휼히 여기셨습니다.

예수님은 사마리아인의 비유에서 긍휼을 베푸는 자가 강도 만난 자의 이웃이라면 너도 가서 자비를 베풀라고 말씀하십니다.

> 누가복음 10장 36-37절
> "네 생각에는 이 세 사람 중에 누가 강도 만난 자의 이웃이 되겠느냐
> 이르되 자비를 베푼 자니이다
> 예수께서 이르시되
> 가서 너도 이와 같이 하라 하시니라."

우리는 일상 가운데 인간관계에서도 심은 대로 거둔다는 의식을 가지고 살아가야 합니다. 내가 항상 건강하고 높은 지위에 있거나 여유롭게 잘사는 것이 아닙니다. 나도 아플 때가 있고 어느 때는 형편없이 낮아질 때도 있습니다. 힘들고 어렵고 위기에 처할 때도 있습니다. 이럴 때는 누군가 나의 손을 잡아 주고 도와주었으면 하는 간절한 바람이 있습니다. 내가 인생을 살아오면서 누군가에게 긍휼을 심었고 함께했다면 긍휼의 열매를 거두며 도움의 손길을 받게 될 것입니다.

그러므로 평상시에 잘해야 합니다. 이웃을 향해 착한 행실의 씨앗을 심어야 합니다. 나는 선한 사마리아인으로 누군가의 이웃으로 살아가고 있는지, 아니면 반대로 제사장이나 레위인의 근성을 가지고 살아가고 있는지 뒤돌아보아야 합니다.

나의 작은 도움이 필요한 사람에게 말 한마디와 작은 물질이라도 도움의 손을 펴고 사랑을 베풀며 긍휼을 행하는 사람으로 살아가야 합니다. 우리가 세상을 살아가는 동안 모든 것은 기회입니다. 약하고 힘없는 사람을 도와줄 수 있는 기회입니다. 착하고 선한 일을 할 수 있는 기회이고 긍휼을 베풀며 사랑할 수 있는 기회입니다. 바라기는 내 안에 예수님의 긍휼하신 마음이 반사되어 오늘 만나는 사람들에게 예수님의 긍휼을 드러내는 통로로 쓰일 수 있기를 바랍니다.

일본을 대표하는 기독교 인물인 가가와 도요히코Kagawa Toyohiko, 1888.7.10~1960.4.23에게 가장 큰 영향을 끼친 사람은 나가노 목사였습니다. 북쪽 카나자와 지역에 천막을 치고 교회를 개척하던 나가노 목사에게 폐병 환자가 찾아왔는데 바로 가가와 도요히코였습니다. 그는 식사를 하던 중 각혈을 하며 피를 밥상에 쏟았습니다. 그러나 나가노 목사는 손으로 핏덩이를 치우고 다시 식사를 하였습니다. 그 순간 가가와는 인격적으로 주님을 만났습니다. 그리고 시간이 지나 주님의 은혜로 가가와 도요히코는 폐병을 고침 받았습니다. 그는 삶을 하나님께 바치기로 결심하며 평생을 가난하고 병들어 고통받는 사람들을 위해 복음을 전했습니다.

빈민들이 가장 고통스럽게 하는 것 중에 하나가 변비라고 합니다. 항문에 변이 차돌같이 굳어 있어서 나오지 않습니다. 그럴 때면 장갑을 끼고 손으로 후벼서 배변하도록 해주어야 합니다. 가가와 도요히코가 빈민들의 항문을 손가락으로 후벼 주었지만 잘 안 되었습니다. 그러자 그는 항문에 입을 대고 차돌같이 굳어 있는 변을 침으로 녹여 빨아냈습니다. 그 사실을 알게 된 기자가 물었습니다. "어떻게 그런 행동을 할 수 있습니까?" 그러자 그는 대답합니다. "나는 배운 대로 합니다. 제 선생님은 저의 각혈한 핏덩이도 닦아 주셨습니다. 그분이 하신 것에 비하면 이건 아무것도 아닙니다."

중국으로 건너간 가가와 도요히코는 중국의 빈민들을 위해서도 똑같은 삶을 살았습니다. 당시 장제스 총통의 부인인 쑹메이링 여사는 그에게 감동을 받고 성경 공부를 통해 가르침을 받았습니다. 1945년에 일본이 패망할 당시 일본 군대와 함께 일본인들이 철수하였지만 단 한 사람도 중국인에게 테러를 당하지 않았습니다. 장제스 총통이 철수하는 일본인들에게 해를 가하는 자는 중형에 처한다는 포고령을 내렸기 때문입니다. 이 배후에는 가가와 도요히코 목사의 사역에 대한 감동이 있었습니다.

오늘 우리도 가가와 도요히코 목사님처럼 예수님의 사랑을 닮은 신앙인으로서, 삶의 자리에서 말과 눈빛과 지식으로만 아는 사랑이 아니라 조금이라도 내 이웃들에게 삶의 행동으로 주님의 긍휼하신 사랑을 흘려보낼 수 있어야 합니다. '긍휼히 여기는 자가 복이 있다'라는 말씀은 단순히 다른 사람을 도와주라는 의미를 넘어서서 긍휼히 여기는 자의 삶을 살아가라고 주신 말씀입니다.

셋째, 누구든지 불쌍히 여기고 용서하며 긍휼함의 복을 받으라

사람의 일생에 있어서 가장 중요한 것 중에 하나가 용서하고 용서받으며 사는 삶이라고 말할 수 있습니다. 우리는 모든 사람을 용서하고 마음의 원한을 풀며 살아야 합니다. 긍휼은 불쌍히 여기는 마음이지만 그 중심은 용서하는 마음이라고 할 수 있습니다. 내 안에 가장 큰 긍휼의 빛은 나를 어렵게 한 원수라 할지라도 용서하는 마음입니다. 그래야 나도 하나님 앞에 용서함을 받고 긍휼함의 복을 받게 됩니다.

예수님은 자기를 십자가에 못 박은 사람들을 향하여 정죄하거나 심판하지 않고 저주하지 않으셨습니다. "아버지 저들을 사하여 주옵소서"눅 23:34라고 기도하셨습니다. 예수님은 평안한 상황 속에서 이렇게 기도하신 것이 아닙니다. 십자가의 고통스러운 죽음을 앞둔 직전에 자기를 죽이는 사람들을 끝까지 용서하고 긍휼히 여기며 기도하셨습니다. 우리들은 예수님께서 베푸신 끝없는 용서와 긍휼과 십자가 사랑이 있었기에 구원받은 믿음의 백성으로 살아가고 있습니다.

초대교회 스데반 집사도 복음을 전하는 자신을 향해 돌을 던진 자들의 돌을 맞아 죽어가면서도 "주여 이 죄를 그들에게 돌리지 마옵소서"행 7:60라고, 예수님처럼 기도하며 용서하였습니다.

우리 주위에도 얼마든지 나를 어렵게 하고 박해하는 사람들이 있을 수 있습니다. 설령 나를 죽이려고 하는 나쁜 사람을 만날지라도 불쌍히 여기며 긍휼함으로 용서해 주어야 합니다.

그렇다면 어떻게 해야 우리가 긍휼히 여기는 자가 될 수 있습니까? 다른 사람을 미워하고, 시기와 질투 속에서 정죄하고 판단하기 좋아하며 악을 품기 좋아하는 나를 예수님께서 어떻게 대해 주셨는지 거울 앞에 설 수 있어야 합니다. 예수님은 아무 조건과 이유 없이 대가를 바라지 않고 무조건 용서하시며 죄 사함의 은혜를 주셨습니다. 우리는 아무런 조건 없이 예수님의 긍휼함을 입었습니다. 하나님 앞에 긍휼함을 받은 자로 오늘을 살아가고 있습니다.

하나님 앞에 나아갈 때의 기본 자세는 언제나 '주님 나를 긍휼히 여겨 주세요'가 되어야 하고, 사람들에게 나아갈 때는 언제나 이웃을 긍휼히 여기는 자가 되어야 합니다. 내 이웃을 용서하고 허물을 덮어 주면 하나님도 내 허물을 덮어 주십니다.

마태복음 6장 14-15절
"너희가 사람의 잘못을 용서하면
너희 하늘 아버지께서도 너희 잘못을 용서하시려니와
너희가 사람의 잘못을 용서하지 아니하면
너희 아버지께서도 너희 잘못을 용서하지 아니하시리라."

우리가 긍휼을 덧입기를 원한다면 긍휼히 여기며 살아야 합니다. 팔복에서 "긍휼히 여기는 자는 복이 있나니 그들이 긍휼히 여김을 받을 것임이요"라는 말씀을 조건부 구원이나 어떤 행위를 함으로 구원받는 것으로 해석하는 것은 문제가 있습니다. 하지만 이 말씀은 약속이면서도 경고의 메시지가 담겨 있다는 것을 간과해서도 안 됩니다. 하나님으로부터 이미 헤아릴 수 없는 긍휼함을 받은 자로서 긍휼을 베풀고 살아갈 때 천국 가는 그날까지 더 큰 긍휼함을 입게 될 것입니다.

어떤 농부가 수박 농사를 짓는데 누가 자꾸 수박을 훔쳐갔습니다. 농부는 수박을 도둑맞지 않으려고 머리를 썼습니다. 판자에다 경고문을 붙였습니다. '우리 수박밭에는 농약이 들어 있는 수박이 하나 있는데, 이것은 주인만 알고 있음.' 수박을 잘못 훔쳐가면 농약이 들어 있는 걸 먹을 수 있음을 경고한 것입니다. 이렇게 한다고 도둑의 발길을 끊을 수가 있겠습니까?

도둑은 며칠 동안 연구했습니다. 수박을 어떻게 훔칠까 고민하는 것이 아니라 수박밭을 망쳐 버리려고 머리를 굴렸습니다. 그러고는 농부가 쓴 팻말 옆에 글씨가 쓰인 종이를 하나 더 붙였습니다. 내용은 '이 밭에는 농약이 들어 있는 수박이 두 개 있음. 하나는 주인만 알고 있고, 하나는 나만 알고 있음.' 주인은 어느 수박에 농약이 들어 있는지 모르기 때문에 결국은 한 개도 팔 수가 없었습니다. 결론적으로 둘 다 안 되는 것입니다. 물론 변명할 것도 없이 도둑이 무조건 나쁘지만, 주인이 아량을 조금 베풀어서 '수박 중에 제일 큰 것 한 개만 가져가세요', '수박을 먹고 싶으면 언제든지 주인한테 오세요'라는 글을 남겼다면 오히려 고마워하며 손해를 끼치지 않았을 것입니다.

우리는 절대로 남이 안 되는 것을 좋아하지 말고 어떤 원수라도 사랑하고, 관용하고, 불쌍히 여기고, 긍휼을 베풀어 주고, 주님의 눈과 마음을 가지고 살면 서로 사랑할 수 있고 형제가 될 수 있습니다.

> 에베소서 4장 32절-5장 2절
> "서로 친절하게 하며 불쌍히 여기며 서로 용서하기를 하나님이 그리스도 안에서 너희를 용서하심과 같이 하라 그러므로 사랑을 받는 자녀 같이 너희는 하나님을 본받는 자가 되고 그리스도께서 너희를 사랑하신 것같이 너희도 사랑 가운데서 행하라 그는 우리를 위하여 자신을 버리사 향기로운 제물과 희생제물로 하나님께 드리셨느니라."

우리 인생을 뒤돌아보면, 가장 보람되고 자랑할 만한 일은 사랑할 수 없는 상황 속에서 이해하고 덮어 주며 용서와 사랑으로 행하며 살았던 일일 것입니다. 사랑으로 행한 것만 영원히 남습니다. 반대로 그 당시 잘했다 할지라도 이웃을 미워하고 아프게 하며 상처를 주었다면 그 일들은 후회의 그림자로 남을 것입니다.

　우리가 죽음 앞에 섰을 때 영원히 후회할 것은 더 사랑하지 못한 아쉬움일 것입니다. 우리는 더 사랑하지 못한 것을 아쉬워하며 주님으로부터 영원한 사랑을 날마다 공급받아야 합니다. 용서와 긍휼의 주체는 내가 아니라 하나님이십니다. 하나님으로부터 시작해서 나에게로 이어집니다. 용서란 내 힘으로는 힘들고, 성령의 도우심이 있어야 자기희생을 통해 용서의 문이 열리는 것입니다. 긍휼은 하나님의 사랑에서 나옵니다.

　긍휼은 하나님의 무한한 사랑을 경험한 사람이 행할 수 있는 사랑의 행위입니다. 그 누구라도 불쌍히 여기고 용서하며 긍휼히 여기면서 더 큰 사랑을 행할 수 있어야 합니다. 긍휼히 여기는 자가 긍휼함의 복을 받는 행복한 사람입니다.

여섯 번째 복

"마음이 청결한 자는 복이 있나니
그들이 하나님을 볼 것임이요"

*Μακάριοι οἱ καθαροὶ τῇ καρδίᾳ,
ὅτι αὐτοὶ τὸν θεὸν ὄψονται.*

마카리오이 호이 카다로이 테 카르디아
호티 아우토이 톤 데온 옵손타이

창문 열기

팔복의 여섯 번째 복을 받는 '마음이 청결한 자'는 그 마음에 하나님을 모시고 그분으로 채워진 마음을 가진 자를 말합니다. 즉, 예수님께 생명의 양식을 공급받으며 살아갈 때 거룩하고 청결한 자가 될 수 있습니다.

"하나님을 볼 것임이요"란 직접 눈으로 보는 것이 아니라 인격적인 경험과 체험을 통해서 알게 됨을 말합니다. 우리가 죽음 이후에는 장차 하나님을 볼 수 있지만 현재 하나님 앞에 살아가고 있는 존재라는 인식으로 살아가는 것이 하나님을 보며 사는 것입니다. 하나님을 보는 것은 최고의 행복입니다.

마음이 청결한 자는 복이 있나니
그들이 하나님을 볼 것임이요

마음이 청결한 자는

헬라어로 '카르디아'^{kardiva, Heart}는 '마음', '심장', '영적인 자리', '생각' 등의 의미를 가지고 있습니다. 마음이란 감정이나 사고와 이해의 중심지입니다. 국어사전서에는 '감정', '생각', '기억 따위가 깃들거나 생겨나는 곳'으로 설명합니다. 즉, 사람이 생각하고 느끼며 행동하는 모든 것이 마음에서 나옵니다. 사람을 존재하게 하는 인격의 중심에 마음이 있습니다.

잠언서 4장 23절에서 "모든 지킬 만한 것 중에 더욱 네 마음을 지키라 생명의 근원이 이에서 남이니라"고 했습니다. 이 말씀은 생명의 원천과 사람이 행하는 모든 일이 마음에 따라 움직인다는 것입니다. 우리의 마음은 생명이 흘러나오는 샘과 같습니다. 우리 각자가 마음을 지키는 일이 중요한 것은 한 사람의 마음속에서 모든 것이 시작되기 때문입니다. 좋은 것과 나쁜 것도 마음에서 시작되며, 위대한 역사와 불행한 역사도 한 사람의 마음에서 시작됩니다. 그러므로 우리가 마음을 잘 지켜야 합니다. 하나님은 마음을 귀하게 여기십니다. 마음이 바로 서야 행복합니다.

'청결한'은 '카타로스'Katharos라는 단어로 '순수함', '정결함', '깨끗함'을 말합니다. 구약시대에는 하나님 앞에 제사의식과 관련되어서 죄로 더럽혀진 마음의 정결을 의미하였지만, 신약시대에 와서는 하나님에 대한 순전한 마음을 뜻하는 데 사용되었습니다. 마음이 청결하다는 말은 아무것도 없이 텅 빈 것이 아니라 그 마음에 하나님을 모시고 그분으로 채워진 마음을 말합니다. 예수님과 함께하는 마음을 말합니다.

마음의 청결은 하나님을 향한 순수한 동기의 회복으로 마음을 깨끗하게 해야 합니다. 마음의 청결함은 외적인 모양과 형식이 아니라 영적이며 마음의 순수한 중심임을 말합니다. 하나님과 교제할 수 있는 깨끗한 마음을 갖기 위해선 우리의 노력도 필요합니다.

사실 좋은 환경과 교육을 받고 도덕적인 삶과 선한 일들을 하며 사는 것이 약간의 도움은 될 수 있습니다. 그러나 연약한 인간이 마음을 청결하게 할 수는 없습니다. 우리의 마음을 지으신 분에 의해서 마음이 청결하게 되는 것입니다. 우리는 전적으로 예수 그리스도를 통해서 깨끗한 마음을 가질 수 있습니다. 예수님만이 더러워진 우리의 죄를 사하시고 마음을 깨끗하게 할 수 있습니다.

더 중요한 것은 마음의 청결함을 유지하기 위해서 변함없는 하나님과 관계 안에 만남의 삶을 살아가야 한다는 것입니다. 예수님과 연결되어 생명의 양식을 공급받으며 살아갈 때 죄를 멀리하고 거룩하여 청결한 삶을 살 수 있습니다.

하나님을 볼 것임이요

헬라어로 '옵손타이'Oyontai는 '경험을 통해서 보다'라는 의미를 가지고 있습니다. 하나님을 본다는 것은 눈으로 직접 본다는 것이 아닙니다. 하나님은 영이시기 때문에 제한된 육체의 눈으로 볼 수가 없고 마음의 눈으로 본다는 뜻입니다. 하나님을 본다는 것은 마음의 눈으로 하나님을 깊이 인식하고 경험할 때 보고 있는 것입니다.

모세는 하나님의 영광을 보여 달라고 기도했습니다. 모세만 유일하게 하나님의 등을 보았습니다.

출애굽기 33장 20-23절
"네가 내 얼굴을 보지 못하리니 나를 보고 살 자가 없음이니라…
너는 그 반석 위에 서라
내 영광이 지나갈 때에 내가 너를 반석 틈에 두고
내가 지나도록 내 손으로 너를 덮었다가 손을 거두리니
네가 내 등을 볼 것이요 얼굴은 보지 못하리라."

하나님을 본다는 것은 하나님의 본질에 대해서 깊이 알고 하나님의 역사를 보는 것을 말합니다. 우리가 하나님을 보았다고 말하는 것은 하나님의 높고 위대하신 어떤 영역에 대해서 지극히 작은 일에 대한 경험과 체험을 말하는 것에 불과합니다.

한편 '본다'란 히브리어로 '야다' yadah 인데 '알다' 깨우침을 받다, '분별하다'는 뜻을 가지고 있지만 '동침하다'의 의미도 포함됨 와 동일한 의미를 가지고 있습니다. '하나님을 본다'란 것은 단순한 지식의 개념이 아니라 하나님을 인격적인 경험과 체험을 통해서 안다는 것을 말합니다. 무엇보다 우리가 하나님을 볼 수 있고 알 수 있는 것은 예수님을 통해서입니다.

요한복음 1장 18절
"본래 하나님을 본 사람이 없으되

아버지 품 속에 있는 독생하신 하나님이 나타내셨느니라."

요한복음 6장 46절
"이는 아버지를 본 자가 있다는 것이 아니니라
오직 하나님에게서 온 자만 아버지를 보았느니라."

요한복음 14장 8-9절
"빌립이 이르되 주여 아버지를 우리에게 보여 주옵소서
그리하면 족하겠나이다 예수께서 이르시되
빌립아 내가 이렇게 오래 너희와 함께 있으되
네가 나를 알지 못하느냐 나를 본 자는 아버지를 보았거늘
어찌하여 아버지를 보이라 하느냐."

예수님은 하나님의 본체십니다. 예수님께서는 요한복음 10장 30절에서 "나와 아버지는 하나이니라"라고 말씀하셨습니다. 예수님을 본 자는 하나님을 보았고 예수님을 아는 사람은 하나님을 아는 것입니다.

예수님 당시에는 예수님을 직접 눈으로 보는 것이 하나님을 보는 것이었습니다. 그들은 예수님의 말씀과 행하시는 일들 속에서 하나님을 보았습니다. 그러나 지금 우리는 내 안에 계시는 성령님을 통하여 하나님을 볼 수 있습니다. 하나님은 영이십니다. 영적인 영역은 성령님을 통해 가능합니다. 성령님이 우리 안에서 하나님의 살아 계심을 경험하게 하고 그 은혜를 누리며 살

아가게 하십니다. 이뿐 아니라 마음이 청결하면 모든 사건 속에서 하나님의 섭리를 볼 수 있습니다. 하나님의 손길이 닿지 않는 곳이 없음을 알게 됩니다.

인류 역사와 자연의 법칙과 생명의 성장을 우리 눈에 다 담을 수 없고 볼 수 없습니다. 그러나 성령으로 거듭나 마음이 청결한 사람은 이 세상의 모든 역사와 자연 속에서 하나님의 무한한 세계와 하늘 가는 길을 볼 수 있습니다. 우리의 마음이 청결하면 하나님을 볼 수 있습니다.

우리가 하나님의 자녀로 살아가고 있다면 하나님을 바라보면서 살아가야 합니다. 또한 나의 인격과 생활 속에서 하나님을 보이게 하고 드러내는 삶을 살아가야 합니다.

이와 같이 우리가 하나님을 보는 것은 현재적이기도 하지만 미래적인 종말에 이루어질 것입니다. 우리는 이 땅에서 하나님의 임재 안에 그 나라와 영광을 위하여 살아가야 합니다. 그리고 장차 그 나라에 이를 때 하나님을 뵙고 영원히 영광스러운 삶을 사는 모두가 되어야 할 것입니다.

행복한 사람들의 삶

예수님은 우리에게 외모를 청결하게 하라고 하지 않고 마음에 관심을 갖고 계십니다. 마음이 청결할 때 복이 있으며 하나님을 볼 수 있다고 말씀하십니다.

우리가 하나님 보기를 원한다면 마음의 정원이 청결해야 합니다. 그 마음에 예수님으로부터 생명을 공급받아야 청결해질 수 있고 청결한 삶을 살 수 있습니다. 또한 우리의 삶 전체가 하나님 앞에서 살아간다는 의식으로 살아갈 때 하나님을 보고 사는 인생이라고 할 수 있습니다.

첫째, 마음의 정원을 청결하게 하라

하나님은 마음의 정원을 귀하게 여기십니다. 생명의 근원이 마음에서 나오기 때문입니다. 마음의 정원이 청결하고 아름다워야 합니다.

마음이 중요합니다. 사랑과 미움도, 기쁨과 슬픔도, 행복과 불행도 모두 마음에 달려 있습니다. 마음이 좋아야 삶도 좋고 말과 행동도 좋습니다. 아름다운 생애가 됩니다. 우리는 이 세상을 살아가면서 항상 주님을 닮아 거룩하고 깨끗한 마음과 인격으로 살아가야 합니다.

윤동주1917.12.30~1945.2.26 시인은 중국 길림성 화룡현 명동촌에서 장남으로 태어났습니다. 윤동주가 태어난 북간도 명동촌은 일찍부터 신학문과 기독교를 받아들인 선구자의 마을이었습니다. 연희전문대학현, 연세대학교을 졸업하고 도쿄 릿쿄 대학1874년 미국 성공회 선교사였던 채닝 무어 윌리엄스 의해 일본 도쿄에 설립된 성공회 소속 명문 사립 종합대학 영문과에 입학하였습니다. 재학 중에 조선인 유학생을 모아놓고 조선의 독립과 민족문화의 수호를 선동했다는 이유로 사상범으로 일경에 체포되어, 1944년 후쿠오카 형무소에서 모진 고문으로 29세에 옥사하였고, 유해는 고향인 연길 용정에 묻혀 있습니다.

윤동주 시인은 기독교적 가치관과 자기 성찰로 억압받는 민족의 연민에 대한 긍정적인 시를 15세부터 많이 썼습니다. 그가 쓴 '서시'序詩는 일제강점기 시대에 시련의 아픔을 피하지 않고 자신의 양심에 충실하고 결백한 삶을 살고자 끊임없이 반성하며 내면세계를 투명하게 보여 준 고뇌苦惱의 시입니다.

'서시'

죽는 날까지 하늘을 우러러
한 점 부끄럼이 없기를
잎새에 이는 바람에도
나는 괴로워했다

별을 노래하는 마음으로
모든 죽어가는 것을 사랑해야지
그리고 나한테 주어진 길을
걸어가야겠다

오늘 밤에도 별이 바람에 스치운다

"하늘을 우러러 한 점 부끄럼이 없기를 잎새에 이는 바람에도 나는 괴로워했다." 잎새에 이는 바람은 느끼지도 못할 만큼 미약합니다. 얼마나 순수하고 결백했기에 한낱 잎새에 이는 미세한 바람에도 괴로워한다는 말입니까? 그는 부끄러움을 알고 양심이 있는 사람, 맑은 영혼의 소유자입니다. 서시는 그가 어떤 사람인가를 알 수 있게 해줍니다. 마음이 청결한 사람임을 한눈에 들여다볼 수 있습니다. 서시는 이 시대를 향한 마음의 대한 화두를 던져 주는 시입니다. 오늘 우리가 어떠한 마음으로 살아야 하는지, 하나님을 본다는 것이 무엇인지 많은 울림을 주고 있습니다.

하나님을 가까이함으로 내 마음 깊은 곳에서부터 청결하고 거룩함이 회복되어야 합니다. 그래야 하나님을 볼 수 있습니다.

존 파이퍼 목사John Stephen Piper, 1946.1.11~는 미국 미네애폴리스 도심에 위치한 베들레헴 침례교회의 담임목사로 50여 권의 저서를 썼습니다. 그리고 전립선암 투병 후에 전하는 메시지로 《암을 낭비하지 마세요》라는 책을 썼습니다. 이 책에서 '우리의 질병은 저주가 아니라 은혜입니다. 우리의 암은 처벌의 길이 아니라 천국으로 이끄는 정결의 길입니다. 이것을 받아들이기가 쉽지 않습니다. 그렇지만 우리 함께 하나님을 신뢰합시다. 좋은 것을 아끼지 않으시는 주님을 믿읍시다. 분명 하나님은 쉬지 않고 선을 이루고 계십니다'라고 고백하고 있습니다.

우리는 삶 가운데 어떤 고난과 고통이 닥쳐오더라도 철저하게 주님의 선하신 계획을 확신하고 하나님을 신뢰하며 예수님과 더욱 친밀해져야 합니다. 그 가운데 우리는 더욱 마음이 청결함을 이루고 하나님을 보다 선명하게 보게 될 것입니다.

둘째, 예수님과 함께하라

예수님으로부터 생명의 공급을 받아야 하나님을 볼 수 있습니다. 우리의 마음으로는 안 됩니다. 우리는 예수님의 마음을 가슴 깊이 품고 살아야 합니다. 예수님을 우리 마음의 주인으로 모시면 예수님이 친히 우리 마음을 다스려 주십니다. 우리가 예수님과 연결되어 있어야 마음이 청결해질 뿐 아니라 청결한 삶을 살 수 있습니다. 우리의 마음이 예수님과 연결이 되어 있음을 알아야 합니다.

우리는 기도할 때 예수님께서 내 안에 임재하시고 청결함을 공급받을 수 있습니다. 우리들의 기도는 나를 이 땅에 보내신 창조자와 대화입니다. 마음이 청결해지기 위해서는 디모데전서 4장 5절에서 "하나님의 말씀과 기도로 거룩하여짐이라"고 말씀하고 있습니다. 말씀과 기도가 내 심령을 거룩하게 하고 청결하게 하는 것입니다.

옛날에 천재 음악가로 불리는 사람이 파이프 오르간을 연주하고 있었습니다. 파이프 오르간은 글자 그대로 파이프를 통하여 바람을 넣어서 소리는 내는 악기입니다. 오르간에 설치되어 있는 파이프 속으로 바람을 넣으면 그 파이프가 울리면서 소리를 냅니다. 지금이야 자동장치가 되어 있지만 예전에는 계속해서 오르간 뒤쪽에 파이프로 바람을 주입시켜야만 소리가 나고 연주가 되었습니다.

하루는 천재 연주자가 연주회 중간에 잠깐 쉬기 위해 오르간 뒤쪽으로 갔습니다. 오르간 뒤에서 바람을 넣어 주던 노인이 밝은 표정으로 말했습니다. "선생님, 오늘 우리의 연주회는 아주 성공적이군요." 천재 음악가는 알 수 없다는 듯이 말했습니다. "우리라니요? 오르간을 연주한 사람은 난데 어떻게 우리들의 연주회입니까?" 그러자 노인이 말했습니다. "선생님이 연주하실 동안 저도 열심히 바람을 넣지 않았습니까?" 하지만 그 음악가는 그 노인을 무시하고 비웃으며 나갔습니다.

잠시 후 연주회가 다시 시작되었습니다. 천재 음악가는 손을 가다듬은 뒤 오르간 건반을 눌렀으나 소리가 나지 않았습니다. 그는 건반을 더 세게 눌렀으나 역시 아무런 소리도 나지 않았습니다. 오르간에 바람을 불어넣어 주던 그 노인이 화가 나서 그 곳을 나가 버렸기 때문입니다. 음악회는 관중들의 야유 속에 막을 내리고 말았습니다. 이 연주자는 뒤에서 바람을 넣어 주는 그 공로를 잊어버리고 자기 혼자 잘난 줄 알았습니다.

　우리 인생은 예수님과 연결되어 있어야 됩니다. 예수님께서 은혜의 바람을 불어넣어 주셔야 청결한 삶으로 아름다운 소리가 울려 퍼지는 인생을 살 수 있습니다. 예수님이 내 안에 임재하여 청결한 바람을 불어넣어 주셔야 하나님을 볼 수 있는 영광스러운 삶을 살아가게 됩니다. 내 밖에 있던 분이 내 존재 속으로 스며들어서 바람을 불어넣어 줄 때 나는 청결하게 만들어져 갑니다. 나를 비우고 내 마음 깊은 곳에 예수 그리스도로 채워야 합니다.

　예수님이 우리 마음에 좌정하시면 죄를 멀리하고 잘못된 생각을 버리고 수많은 유혹을 극복할 수 있습니다. 누구보다 거룩하고 청결한 삶으로 평강을 누리며 살아갈 수 있습니다.

　따라서 예수님의 거룩하신 본성을 내 안에 심고 성령님이 내 마음 가운데 오셔서 언제나 은혜 가운데 주님과 함께 살아갈 수 있도록 내 마음을 잘 관리해야 합니다. 주님이 함께하시는 행복한 정원에 성령으로 내 마음을 채워 늘 충만하게 해야 합니다.

　예수 그리스도를 내 마음의 왕좌에 모시고 생명을 공급받을 때 하나님을 볼 것입니다. 마음이 청결하여 하나님을 보는 사람이 가장 행복한 사람입니다.

셋째, 하나님 앞에서 Coram Deo 사는 사람이 되라

그리스도인은 하나님 앞에서 사는 사람들입니다. 하나님 앞에 산다는 것은 하나님을 보며 살아가는 것이라고 할 수 있습니다. 하나님을 매 순간 의식하고 사는 사람이라면 마음을 깨끗하게 가질 수밖에 없습니다. 청결하게 살아가게 되어 있습니다.

'코람데오'는 라틴어로 '코람'coram과 '데오스'Deus가 합쳐진 합성어입니다. '코람'은 '면전에서', '앞에서'라는 의미이고, '데오'는 하나님을 뜻합니다. 즉, '하나님 앞에서'라는 말입니다. 성경에서 '코람데오'란 단어는 사무엘이 백성들에게 하는 말을 비롯하여 여러 곳에서 쓰이고 있습니다.

> 시편 33편 13-14절
> "여호와께서 하늘에서 굽어보사 모든 인생을 살피심이여 곧 그가 거하시는 곳에서 세상의 모든 거민들을 굽어살피시는도다."

> 사무엘상 12장 3절 상반절
> "내가 여기 있나니 여호와 앞과 그의 기름부음을 받은 자 앞에서 내게 대하여 증언하라."

> 사도행전 10장 33절 하반절
> "우리는 주께서 당신에게 명하신 모든 것을 듣고자 하여 다 하나님 앞에 있나이다."

> 데살로니가전서 3장 13절 하반절
> "하나님 우리 아버지 앞에서 거룩함에 흠이 없게 하시기를 원하노라."

'코람데오'는 종교개혁자 칼빈과 사도 바울의 좌우명이었고 루터도 종교개혁에서 주장했습니다. 가톨릭이 정치, 경제, 종교, 문화를 통치하며 온 유럽과 세계를 지배하던 그때에 일개 신부였던 마틴 루터Martin Luther, 1483~1546가 당당히 맞서 95개조 항목을 비텐베르크 성당에 붙이며 종교개혁을 일으킨 것은 바로 '하나님 앞에서'란 의식을 가지고 살았기 때문입니다.

하나님이 우리의 삶 전체를 지켜보고 계신다는 것을 인식하며 살아간다면 우리의 표정과 말투, 눈빛과 행동, 걸음걸이와 삶의 자세 하나까지 달라질 것입니다. 우리는 하나님이 내 곁에 계심을 믿고 바라보며 하나님 앞에서 살아갈 때 청결한 자가 될 것입니다. 바로 그 사람이 복 있는 사람입니다.

조선의 천주교 역사를 보면, 중국에서 천주교를 접하면서 자생적인 성도들이 많아졌습니다. 천주교 신부가 들어오기 전에 이미 1700년도에 4천여 명의 성도들이 자기들끼리 하나님을 믿고 예수님을 구주로 고백하며 믿음을 지켜 갔습니다. 천주교의 공식적인 역사1784년는 기독교1885년보다 100년 전에 시작됩니다.

조선 땅에 자생한 천주교인들에게 어려운 문제는 사제가 없이 드려진 미사가 무효라는 것이었습니다. 그래서 중국에 신부를 보내 달라고 요청했고, 중국에 있는 청나라 주교가 로마 교황청에 부탁을 해서 조선 땅에 최초의 신부로 주문모周文謨, 야고보, 1752~1801 신부를 파송하였습니다.

1794년 12월 24일, 성탄절을 하루 앞두고 얼어붙은 압록강을 걸어서 조선 땅에 최초로 신부가 들어왔습니다. 주문모 신부가 조선에 와 보니 이미 4천여 명의 성도들이 있었습니다. 그가 얼마나 열심히 하나님의 나라와 예수님의 부활 신앙을 선포하고 증거했는지 6년 만에 성도가 1만 명이나 되었습니다.

그런데 이 사실이 조선 관원에게 발각되었습니다. 조선은 유교를 근간으로 세워진 나라로 부모에게 효를 강요하면서 국가에 충을 요구하는 사회였습니다. 조선시대는 집집마다 조상의 위패를 모셔 놓고 조상 제사를 지내는데, 천주교가 들어오면서 조상 제사를 우상숭배로 여기고 금지했습니다. 그래서 천주교 신자들은 제사를 지내지 않았고 어떤 성도들은 위패를 불로 태우기까지 했습니다.

제사 논쟁의 배경

가톨릭의 조상 제사 문제가 처음 불거진 것은 16세기 중엽 중국에서였고, 당시 선교하던 선교회들 가운데 예수회는 우상숭배가 아니라 미풍양속으로 이해했으나 프란치스코회와 도미니코회는 미신 행위로 간주했습니다. 1643년 이후부터 1742년까지 의례 논쟁으로 조상 제사는 우상숭배인가 아닌가 라는 치열한 논쟁이 가톨릭 신학계에 지속되었습니다.

조선 천주교는 제사를 거부하여 그것이 대박해의 최대 요인으로 작용하였습니다. 제사 거부로 전라도 진산에 살던 윤지충은 교회 가르침에 따라 집에 모시던 신주를 불태워 버렸고, 어머니가 세상을 떠나자 외사촌 형인 권상연과 상의하여 제사를 지내지 않고 천주교식으로 장례를 치렀습니다. 결국 전주 풍남문 밖에서 참수형으로 순교한 현재 전주전동성당이 순교지 자리로, 1908년에 공사를 시작하고 1914년에 완공됨 한국 천주교의 첫 순교자가 되었습니다.

그 후 오랜 세월이 지나 1939년 교황 비오 12세는 유교 문화권의 제사는 미신 행위나 우상숭배라기보다 문화적 풍속으로 재해석하고, 중국의식에 관한 훈령을 통해 일부 미신적인 요소들을 배격하며 조상 제사를 허용하였습니다.

한국 천주교와 조상 제사

천주교에서 제사 또는 무덤이나 시신 앞에서 절하는 것은 조상에 대한 효행이며 보은의 의미를 갖는 미풍양속으로 보기 때문에 신앙에 위배되지 않는다고 이해함으로 허용하였지만 신주나 지방을 모시는 것은 미신행위로 보기 때문에 받아들이지 않고 있습니다. 이름이나 세례명 등을 기록한 위패는 허용함

이러한 상황에서 유교를 근본으로 여긴 조선시대에 제사를 거부하는 것은 국가의 근본이념을 무너뜨리고 기강을 뒤흔드는 도발 행위로 여기고 천주교 성도들을 역적으로 보았습니다. 그래서 계속적으로 번져 가는 천주교를 막기 위해 중심에 있는 주문모 신부의 체포령이 떨어졌습니다. 주문모 신부는 가까스로 피했지만 자기가 전도하고 예수 믿게 된 성도들은 조선의 관하에 잡혀가 심한 고문을 받았습니다. "누가 너희에게 예수를 믿게 했느냐? 말을 해라." "너희에게 예수를 믿게 한 주문모 신부의 위치를 말해라." 심한 고문에 매일 수십 명씩 죽어 나갔습니다. 그러나 조선의 천주교 성도들은 절대 입을 열지 않았습니다.

실제 천주교는 네 번의 박해 신유박해 1791년, 기해박해 1801년, 병오박

해 1846년, 병인박해 1866년를 통해 1만 명이 넘게 순교했습니다. 주문모 신부는 이런 박해의 상황을 피해 압록가을 건너 고향 청나라로 돌아가려고 했습니다. 그리고 그 압록강을 건너기 전 마지막으로 강변에서 하나님 앞에서 기도했다고 합니다. 그때 주문모 신부 마음 깊은 곳에서 '그동안 성도들에게 가르쳤던 부활의 신앙은 무엇이냐? 예수를 믿으면 그와 함께 십자가에 못 박혀 죽어야 하고 언젠가 주님께서 살리실 것이다. 부활의 신앙이 너에게는 무엇이더냐?' 하고 물으시는 음성을 듣게 되었습니다.

주문모 신부는 하나님 앞에서 선 자세로 기도하며 그 길로 마음을 바꾸어 조선으로 돌아가서 의금부에 자수했습니다. 그리고 1801년 5월 31일에 새남터에서 군문효수형_{죄인의 목을 베어 높은 곳에 매달던 형벌}으로 49세에 순교하였습니다_{한국 천주교는 서울 용산구 이촌로에 창립 200주년 기념의 해인 1984년 공사를 시작해 3년 만에 순교성지 새남터 기념 성당을 지었음}.

우리나라 최초의 천주교 신부, 김대건

천주교 집안에서 태어나 유학을 떠나 중국 상하이로 건너가 마카오에서 공부하고 1846년에 신부가 되어서 어렵게 조선에 들어왔지만 황해의 백령도 부근에서 곧바로 붙잡혀 26세에 한강 새남터에서 순교했습니다. 그리고 1984년 4월에 내한한 교황 요한 바오로 2세에 의해 성인의 자리에 올랐습니다.

유네스코는 김대건 신부의 탄생 200주년이 되는 2021년에 그를 유네스코 세계기념인물로 선정했습니다. 김대건 신부의 시신이 경기도 안성시 양성면 미리내 성지로 420에 안치되었는데 그곳이 미리내 성지입니다.

오늘 우리는 언제나 하나님 앞에 살아가고 있는 존재라는 인식을 가지며 살아야 합니다. 예수님을 믿는다는 것은 우리의 삶 전체가 하나님 앞에서 살아가는 것입니다. 이것이 행동하는 신앙인으로 청결하고 복되게 살아가는 코람데오의 멋진 인생이라고 할 수 있습니다.

일곱 번째 복

"화평하게 하는 자는 복이 있나니
그들이 하나님의 아들이라 일컬음을 받을 것임이요"

Μακάριοι οἱ εἰρηνοποιοί,
ὅτι αὐτοὶ υἱοὶ θεοῦ κληθήσονται.

마카리오이 호이 에이레노포이오이
호티 아우토이 휘오이 데우 클레데손타이

창문 열기

　일곱 번째 복인 "화평하게 하는 자는 복이 있나니 그들이 하나님의 아들이라 일컬음을 받을 것임이요"에서 '화평'은 하나님으로부터 오는 것입니다. 예수님은 이 땅에 평화의 왕으로 오셨습니다. 화평은 예수님의 성품이고, 그 성품이 나의 성품으로 자리 잡아야 합니다. 우리가 성령을 의지하고 살아가면 성령의 열매 가운데 화평의 열매를 맺게 하십니다.

　우리가 예수님의 제자라면 화평을 원하거나 기다리는 사람이 아니라 적극적으로 화평을 만들어 가는 사람이 되어야 합니다. 그리고 화평하게 하는 사람이 하나님의 자녀로 인정을 받고, 더 나아가서는 하나님 나라의 복을 받습니다.

화평하게 하는 자는 복이 있나니
그들이 하나님의 아들이라
일컬음을 받을 것임이요

화평하게 하는 자는

팔복의 일곱 번째 복을 받는 '화평하게 하는 자'는 헬라어로 '에이레노포이오이'Eijphnopoiov라고 했는데 '평화'를 뜻하는 '에이레네'와 '만드는 사람', '가져오는 사람'이라는 뜻의 '포이오이'가 합해진 합성어로 '평화를 만드는 사람'이라는 뜻입니다. 영어로는 '피스메이커'Peacemaker입니다.

'에이레노포이오이'의 어근인 '화평'和平의 히브리어 단어는 '샬롬'Shalom이고 헬라어 단어는 '에이레네'Eirene입니다. '샬롬'과 '에이레네'는 '평화', '평강', '평안', '화평'과 같은 의미로 번역할 수 있습니다. 그러나 근본적으로 개념은 다릅니다.

'샬롬'은 구약성경에서 '평안', '평강', '평화' 등 25가지 정의, 질서, 조화, 번영, 안부, 안전, 친목 등 이상의 다양한 의미로 사용되었습니다. 어원은 온전함, 완전함, '충만함으로 더할 나위 없이 모든 면에서 안전하고 완전한 충족의 상태, 최고선의 상태를 의미합니다. 즉, 사람들과 사회 속의 관계에서 드러나는 외부적인 문제와 내적인 것들이 완전히 제거된 상태뿐 아니라 마음의 죄나 허물로부터 자유로운 상태를 말합니다. 개인과 사회적인 차원에서 만들 수 있는 것이 아닙니다. 하나님으로부터 오는 평안입니다.

민수기 6장 24-26절
"여호와는 네게 복을 주시고 너를 지키시기를 원하며
여호와는 그의 얼굴을 네게 비추사 은혜 베푸시기를 원하며
여호와는 그 얼굴을 네게로 향하여 드사
평강 주시기를 원하노라 할지니라 하라."

로마서 15장 33절
"평강의 하나님께서 너희 모든 사람과 함께 계실지어다 아멘."

고린도후서 13장 11절
"형제들아 기뻐하라 온전하게 되며 위로를 받으며
마음을 같이하며 평안할지어다
또 사랑과 평강의 하나님이 너희와 함께 계시리라
거룩하게 입맞춤으로 서로 문안하라."

'샬롬'은 하나님께서 베풀어 주신 사랑과 은혜 아래서 누리는 평화를 말합니다. 그래서 이스라엘에서는 하나님이 주시는 평화가 임하기를 기원하며 인사로 사용하고 있습니다.

'에이레네'도 샬롬과 같이 인사말로 사용되었습니다. 그러나 '에이레네'란 전쟁의 종식 같은 상황으로 법과 질서가 유지되며 번영에서 오는 평화의 상태를 말합니다. 즉, 평화의 시간으로 현실적으로 안정된 상태에 머물러 있는 소극적인 평화라고 할 수 있습니다.

국어사전에서 '화평'은 개인 간이나 나라 사이에 충돌과 다툼이 없는 평화로운 상태라고 말합니다.

"화평하게 하는 자는"에서 화평의 시작점은 하나님이고 예수님입니다. 인간은 하나님 앞에 범죄하여 샬롬을 잃어버렸습니다. 그 관계를 회복하려고 예수님을 보내 주셨으며 예수님이 죄를 대속해 주신 것을 믿는 자에게 죄에서 해방과 구원을 주심으로 자유하게 하셨습니다. 이렇듯 참된 화평은 하나님으로부터 옵니다.

화목이란 하나님과의 화해, 인간과의 화해뿐 아니라 만물과도 회복을 의미하므로 전인적인 구원과 온전한 상태를 상징하는 단어입니다.

예수님은 화평 자체이시며 화평의 왕으로 이 땅에 오셨습니다. 하나님의 나라는 화평의 나라입니다.

요한복음 14장 27절
"평안을 너희에게 끼치노니 곧 나의 평안을 너희에게 주노라 내가 너희에게 주는 것은 세상이 주는 것과 같지 아니하니라 너희는 마음에 근심하지도 말고 두려워하지도 말라."

요한복음 16장 33절
"이것을 너희에게 이르는 것은 너희로 내 안에서 평안을 누리게 하려 함이라 세상에서는 너희가 환난을 당하나 담대하라 내가 세상을 이기었노라."

그들이 하나님의 아들이라 일컬음을 받을 것임이요

'하나님의 아들'은 헬라어 '휘오이 데우'huioi deou인데 복수로 '하나님의 아들들', '하나님의 자녀들'을 의미하는 단어를 쓰고 있습니다. 아들이란 성별 개념으로 아들과 딸을 구별하는 것이 아니라 다 포함하여 똑같은 자녀의 개념으로 사용됩니다. 즉, 하나님을 아버지로 믿고 섬기는 모든 사람들이 자녀들입니다. "일컬음을 받을 것임이요"란 '소유되다'라는 뜻으로 하나님의 자녀로 소유가 되고, 인정받게 된다는 의미입니다.

우리는 예수님을 믿음으로 하나님의 자녀가 되었습니다. 하나님의 아들이란 하나님의 나라를 상속받는 상속자가 되었다는 것입니다.

> 요한복음 1장 12-13절
> "영접하는 자 곧 그 이름을 믿는 자들에게는 하나님의 자녀가 되는 권세를 주셨으니 이는 혈통으로나 육정으로나 사람의 뜻으로 나지 아니하고 오직 하나님께로부터 난 자들이니라."

우리는 성령의 인도함을 따라 그리스도를 영접함으로 하나님의 자녀가 되는 권세를 얻었습니다. "하나님의 아들이라 일컬음을 받을 것임이요"란 미래에도 현재에도 하나님의 아들이지만 장차 하나님의 나라에서 실질적인 아들로서 지위와 영광을 받아 누리게 된다는 말씀입니다.

한편 "화평하게 하는 자가"와 "하나님의 아들이라 일컬음을 받을 것임이요" 사이에 아버지를 닮은 자라면 화평한 삶을 살아야 한다는 연결고리가 만들어져 있습니다. 중요한 것은 우리가 하나님의 자녀로서 신분에 맞게 행동으로 화평을 만들어 내며 합당한 삶을 살아야 한다는 것입니다.

우리들은 하나님을 닮은 자녀로서 하나님의 사랑을 드러내고 그 사랑을 실천하는 사람이 되어야 합니다. 예수님의 사랑을 실천할 때 참된 화평이 이루어지며 복 있는 사람이라고 할 수 있습니다.

행복한
사람들의 삶

하나님은 화평이시기 때문에 우리가 하나님이 자녀라면 화평의 자녀이라고 할 수 있습니다. 우리들은 복 있는 사람이 되기 위해서 먼저 화평을 위해 오신 하나님의 사랑을 알아야 하고 그의 품 안에 안겨야 합니다. 그리고 무엇보다 화평의 근원이신 하나님과 화평하고 모든 사람들과 더불어 서로 화평해야 합니다. 또한 적극적으로 화평을 만들어가는 사람이 되어야 합니다.

첫째, 화평을 위해 오신 하나님의 사랑을 알라

하나님은 우리를 사랑하십니다. 그리고 사랑받으며 사는 존재로 만드셨습니다. 사랑이 가장 아름답습니다. 세상에서 가장 큰 사랑은 하나님의 사랑입니다. 하나님의 사랑은 측량할 수 없는 큰 사랑으로 인류를 구원하기 위하여 그의 아들을 이 땅 가운데 보내 주신 사랑입니다. 우리가 하나님이 주시는 그 사랑을 믿음으로 받아들이고 예수님을 구주로 고백할 때 한없는 은혜와 사랑을 누릴 수 있습니다. 어린아이는 부모님의 사랑을 다 이해하고 알 수 없시만 그 품에 안길 때 사랑을 느낄 수 있듯이 우리도 하나님 사랑의 품안에 안길 때 영원히 행복할 수 있습니다.

요한복음 3장 16-17절
"하나님이 세상을 이처럼 사랑하사 독생자를 주셨으니 이는 그를 믿는 자마다 멸망하지 않고 영생을 얻게 하려 하심이라 하나님이 그 아들을 세상에 보내신 것은 세상을 심판하려 하심이 아니요 그로 말미암아 세상이 구원을 받게 하려 하심이라."

러시아의 톨스토이Leo Tolstoy, 1828.9.9~1910.11.20는 소설가, 시인, 극작가, 철학자로《사람은 무엇으로 사는가》,《전쟁과 평화》,《부활》,《안나 카레니나》,《인생독본》등의 좋은 작품을 우리에게 남겼습니다.

그는 백작의 아들로 태어나 1천여 명의 농노를 거느린 영지에서 부유하게 자랐습니다. 그의 어머니 마리야 톨스타야는 영어, 프랑스어, 독일어, 이탈리아어 등 5개 국어에 능통했으며, 피아노도 능숙하게 다룰 수 있고, 교양이 풍부했습니다. 그러나 톨스토이가 두 살 때 막내 여동생 마리야를 낳고 다섯 남매를 남기고 사망하여 '숙모'라고 부른 먼 친척 아주머니 밑에서 자랐습니다.

7년 뒤 아버지 니콜라이 일리치도 뇌출혈로 사망하고, 할머니도 그 충격으로 9개월 만에 세상을 떠나고 말았습니다.

그는 외교관이 되려고 1844년에 카잔 대학 동양어학과에 입학했다가 농민을 위해 일하려고 법학부로 전과하였지만 대학 생활에 흥미를 느끼지 못했습니다. 그리고 고향 땅에 돌아가 농노들과 함께 이상적인 농촌을 만들고자 하였습니다. 그러나 신분의 차이를 인정하지 않는 농노들과 하나가 되지 못하여 그 꿈도 실패하고 말았습니다. 결국 그는 군에 입대하여 전쟁에 참여하였습니다. 크림 전쟁에 참전하여 세바스토폴 전투에서 공을 세워 훈장을 받기도 했습니다.

그는 전쟁의 생생한 체험을 바탕으로 아버지의 가족과 어머니의 가족을 모델로 삼아 《전쟁과 평화》를 썼는데 그 작품으로 베스트셀러 작가가 되었습니다. 그는 작품을 통해 많은 사람들에게 갈채를 받았고 부귀영화를 누렸습니다. 하지만 삶의 허무와 죄에 대한 공포, 불안한 마음은 어찌할 수가 없었습니다.

그러던 어느 날 한적한 시골길을 걸어가던 중 어느 시골 농부를 만났습니다. 그의 얼굴이 매우 평안해 보여서, 그것이 부러워 톨스토이가 비결이 무엇인지 물었습니다. "하나님을 의지하고 살기에 언제나 기쁠 뿐입니다." 그 말을 들은 톨스토이는 모든 것을 다 갖췄고 많은 재산과 성공, 세상적 즐거움을 누리며 살고 있는데도 불구하고 시골 농부보다 더 불행하게 살고 있는 자신을 되돌아보며 그날부터 진지하게 하나님을 찾기 시작하였습니다. 그 후 그는 하나님을 인격적으로 만났고, 그는 "하나님을 아는 것이 올바로 사는 길이요 참성공의 길이다"라고 고백했습니다.

톨스토이는 〈나의 회심〉이라는 글에서 이렇게 고백했습니다. "5년 전 나는 정말 예수 그리스도를 나의 주님으로 받아들였다. 그리고 나의 전 생애가 변했다. 이전에 욕망하던 것을 욕망하지 않고 오히려 이전에 구하지 않았던 것들을 갈망하게 되었다. 이전에 좋게 보이던 것들이 좋게 보이지 않고, 대수롭지 않게 보이던 것들이 이제는 중요한 것으로 보이게 되었다. 나는 소위 행운의 무지개를 찾아다니며 살았는데 그 허무함을 알게 되었다. 거짓으로 나를 꾸미는 것, 여인들과의 방탕한 생활, 술에 취해 기분 좋아하는 것들을 더 이상 행복으로 간주할 수 없게 되었다."

그는 예수 그리스도를 만나고 새로운 생명과 새로운 목적을 가지고 새 인생을 출발하게 된 것입니다. 그가 82세로 하나님 앞으로 가기 전 이런 일기를 남겼습니다.

"아버지여, 생명의 근원이시여, 우주의 영이여, 생명의 원천이여, 날 도와주소서. 내 인생의 마지막 며칠, 마지막 몇 시간이라도 당신에게 봉사하며 당신만 바라보며 살 수 있도록 날 도와주소서."

톨스토이는 자신의 젊은 시절의 방탕과 무신앙에 대한 처절하게 회개한 참회록을 남겼는데 그의 참회록은 성 어거스틴, 루소의 참회록과 더불어 세계 3대 참회록으로 손꼽힙니다. 그는 도스토옙스키나 푸시킨, 고리키, 체호프, 고골 같은 작가들을 제치고 역대 러시아 최고 작가로 가장 사랑받는 한 명으로 남아 있습니다.

우리의 진정한 행복과 참 성공은 하나님과의 올바른 관계를 맺으며 예수님의 십자가를 인생의 중앙선으로 삼고 예수님의 온전한 제자로 살아가는 것입니다.

우리가 하나님의 아들이라 일컬음을 받기 위해서는 하나님의 사랑을 받아들여야 합니다. 그의 품에 안겨야 합니다. 화평이신 하나님의 사랑 안에 거할 때 하나님의 아들이라 인정받게 됩니다. 내가 주인 삼고 살아가던 헛된 것들을 내려놓고 예수님의 십자가만을 바라보며 살아가야 합니다. 예수님은 화평의 왕으로 오셨고 하나님 나라는 화평의 나라입니다. 참된 화평은 하나님으로부터 옵니다. 즉, 하나님의 사랑을 받아들여야 사랑을 나누어줄 수 있고 다른 사람과 화평을 만들어갈 수 있습니다. 하나님이 사랑이 나에게 임해야 그 사랑을 나누어줄 수 있습니다. 그 큰 사랑을 받아들이지 않는 곳에는 원망과 불평이 가득하고 잘못하면 파멸의 길로 가게 됩니다.

하나님의 사랑을 받아들일 때 흔들리지 않으며 힘 있고 능력 있는 자녀로 삶을 살아갈 수 있습니다. 하나님의 화평 안에 거하는 자가 하나님의 아들이라 일컬음을 받게 됩니다.

둘째, 모든 사람과 더불어 화평하라

모든 사람과 더불어 화평할 때 하나님의 아들이라 일컬음을 받게 됩니다. 하나님이 우리에게 가장 원하시는 것은 예배입니다. 예배는 삶 가운데 그 무엇보다 최우선적으로 중요한 행위입니다. 그러나 하나님은 우리에게 예배를 드리기 전에 가족과 이웃들과의 관계 속에서 화평하지 못하며 원망 들을 일이 있다면 그 다툼과 원한을 풀고 예배를 드리라고 말씀하십니다. 하나님은 그 어떤 화려한 예배나 풍성한 예물이 있는 예배라도 화목하지 않고 드리는 것은 원하시지 않습니다. 그 예배는 실패입니다. 하나님 앞에 예배보다 화평이 먼저입니다.

하나님은 모든 사람과 다투지 않고 용서와 사랑 안에서 서로 위로와 격려하며 화평하게 사는 것을 원하십니다.

마태복음 5장 23-24절
"그러므로 예물을 제단에 드리려다가 거기서 네 형제에게 원망들을 만한 일이 있는 것이 생각나거든 예물을 제단 앞에 두고 먼저 가서 형제와 화목하고 그 후에 와서 예물을 드리라."

로마서 12장 18절
"할 수 있거든 너희로서는 모든 사람과 더불어 화목하라."

히브리서 12장 14절
"모든 사람과 더불어 화평함과 거룩함을 따르라 이것이 없이는 아무도 주를 보지 못하리라."

창세기 13장은 하나님의 명령에 순종하여 아브라함이 아내와 조카 롯과 함께 이집트를 나오는 장면부터 시작됩니다. 그들은 모든 재산을 가지고 네게브 지방으로 올라가면서 전에 장막을 쳤던 벧엘과 아이 사이에 머물렀습니다. 아브라함은 가축과 은과 금이 많은 부자였고 함께 다닌 롯도 양과 소와 장막이 많았습니다. 두 사람이 함께 살기에는 그 땅이 너무 좁았습니다. 결국 아브라함의 목자들과 롯의 목자들 사이에 다툼이 일어나기 시작했습니다.

이에 아브라함이 조카 롯에게 말했습니다. "너와 나 사이에 가축을 치는 목자들 간에 다툼이 있어서야 되겠느냐? 이곳에서 하나님을 모르는 가나안 사람과 브리스 사람들이 우리를 보고 있지 않느냐? 너와 나는 하나님을 섬기는 신앙의 사람이므로 이 일로 싸운다면 하나님의 영광을 가리게 된다. 하나님을 믿지 않는 사람들이 우리를 보고 무슨 말을 하겠느냐? 우리는 하나님의 자녀로서 화평해야 한다. 하나님의 사람으로 화평하는 것이 먼저다." 그러고는 롯에게 싸우지 말고 떨어져 살자고 합니다. "모든 땅이 너의 앞에 있으니 네가 왼쪽으로 가면 나는 오른쪽으로 가고, 네가 오른쪽으로 가면 나는 왼쪽으로 가겠다."

롯은 땅을 둘러보면서 물이 많고 여호와의 동산 같은 요단 평원에서 살기로 하고 동쪽으로 옮겨 갔습니다. 롯은 눈에 보이는 욕심을 따라 의리도 없이 좋은 땅을 선택했습니다. 아브라함은 가나안 땅을 거처로 삼고 살았습니다. 아브라함은 조카 롯에게 선택권을 주었습니다. 삼촌이라 먼저 선택할 수 있었지만 조카 롯의 감정이 상할까 봐 모든 손해와 자존심 내려놓고 양보하며 화평의 길을 선택했습니다. 아브라함은 화평을 위해 자신보다 먼저 조카 롯이 더 잘 되기를 바라는 마음으로 선택권을 주었습니다.

우리가 상대방이 잘되기를 바라는 마음으로 양보하고 손해

보며 져 주면 그 누구와도 화평을 이룰 수 있습니다. 사람들은 나만 잘살기를 바라고 부자가 되기를 원합니다. 그러나 하나님은 자기의 이익을 따라가며 손해 볼 줄 모르는 사람에게는 관심이 없고, 자기 것을 내려놓고 화목하게 하는 사람에게 관심이 있습니다.

아브라함이 롯에게 양보한 후에 하나님께서 그에게 말씀하십니다. "네 주변을 둘러보아라. 네가 서 있는 곳에서 동서남북을 다 둘러보아라. 네 눈에 보이는 이 모든 땅을 내가 영원히 너와 네 자손에게 줄 것이다." 하나님은 우리가 양보하며 화평의 길로 갈 때 더 좋은 것으로 우리에게 채워 주시며 복을 베풀어 주실 것입니다.

옛날 어느 마을에 우애 좋기로 소문난 형제가 있었습니다. 하루는 둘이 길을 가다가 금덩이를 발견하였습니다. 먼저 발견한 사람은 형이었고, 얼른 손으로 집은 사람은 동생이었습니다. 형은 난데없는 횡재에 눈이 동그래진 동생을 보고 자기도 좀 만져 보자고 합니다. 한참 동안 서로 번갈아 들고 가는데 참 이상합니다. 금덩이가 동생의 손에 있을 때에는 형의 마음이 편치 않고, 형의 손에 있을 때에는 동생의 마음이 괴롭습니다. 나도 좀 보자며 몇 번이고 번갈아 들고 가다 보니 강을 건너게 되었습니다.

나룻배를 타고 강 한가운데에 이르자 갑자기 형이 금덩이를 물속에 던져버렸습니다. 동생은 깜짝 놀라 버럭 소리를 지릅니다. "형님, 그것은 내 것인데 왜 물속에 던집니까?" 형이 조용히 말했습니다. "우리 둘은 지금까지 늘 화목하고 마음이 하나였는데 금덩이 때문에 서로 마음이 불편해진 것 같구나. 이까짓 금덩이로 우리 사이에 불화가 생길 것이면 차라리 없는 것이 낫지 않겠느냐?" 형의 말을 듣고 있던 동생도 화를 낸 것을 사과하며 "그래요, 형님과 우애하며 살고 싶어요"라고 말했습니다. 참으로 우애 좋은 형제의 아름다운 이야기입니다.

우리가 살아가면서 이 형제만 같으면 무슨 문제가 있겠습니까? 그러나 현실에서는 수많은 사람들이 금덩이 때문에 그보다 더 중요한 우애와 우정, 사랑과 명예, 대의와 진리를 버리고 살아갑니다. 오늘 내가 버려야 할 금덩이는 무엇인가 생각해 볼 문제입니다.

오늘 나에게 우리 가정 안에서와 이웃과의 관계에서 화평을 가로막는 것이 있다면 그것이 금덩이처럼 귀한 것이라고 해도 버리기를 바랍니다. 우리 모두 화평을 살기를 소망합니다. 우리가 세상 속에서 살면서 무엇을 많이 소유하고 높은 지위와 신앙의 경륜과 직분을 받아서 하나님의 자녀가 되는 것이 아닙니다.

화평한 자로 살아갈 때 하나님의 아들이라 일컬음을 받게 되는 복이 주어집니다.

셋째, 화평을 만들어 가는 사람이 되라

'화평하게 하는 자'는 '에이레노포이오이'Eijphnopoiov입니다. 원문대로는 '화평을 실천하는 사람', '평화를 행하는 사람'이라는 뜻입니다. 화평을 이루는 사람들은 그냥 앉아서 화평을 사랑하고 기다리는 것만 가지고 안 됩니다. 내가 적극적으로 화평을 만들어가도록 실천해야 한다는 것입니다. 화평을 위하여 그보다 더한 일을 하려는 자세가 우리에게 요구됩니다. 거기에 복이 있고 하나님의 아들이라 인정을 받습니다.

알버트 슈바이처Albert Schweitzer, 1875.1.14~1965.9.4는 루터교 목사의 맏아들로 태어나 스트라스부르 대학에서 철학과 신학을 공부한 음악가이자 목사였습니다. 그리고 의사가 되어 평생을 아프리카 선교사로 헌신하며 1952년에는 노벨평화상을 받았습니다. 그는 누가복음 16장의 천국과 지옥에 나오는 부자와 거지 나사로의 비유를 읽고 나서 선교사로 헌신하였습니다. 말씀을 읽은 후 그는 도저히 견딜 수가 없어서 밤잠을 설치며 고민한

끝에 바젤 대학 총장직까지도 사임하고 아프리카 선교사로 떠나 일생 동안 부활 신앙의 증인으로 그곳에서 선교를 하며 인생을 마감했습니다.

슈바이처는 아프리카 랑바레네Lambarene에서 세계를 그의 집으로 삼고 인류를 그의 가족으로 생각하며 살았던 20세기 사랑의 천재입니다. 우리는 슈바이처는 잘 알고 있지만 메리언 프레밍거Marian Preminger라는 여인은 잘 모릅니다. 메리언 프레밍거는 슈바이처가 봉사하던 아프리카의 람바레네 병원에서 평생 동역한 보조 간호사입니다. 사람들은 슈바이처를 방문했다가 이름도 없이, 빛도 없이 일하는 이 보조 간호사 때문에 많은 감동을 받으며 돌아왔다고 합니다. 빼어난 미모가 있음에도 남들이 싫어하는 일을 마다하지 않고 허리 숙여 일하는 그녀의 모습에서 많은 감동을 받았습니다.

그녀는 허리우드 브레인이란 영화감독과 결혼을 하고 몇 년을 살다가 이혼을 했습니다. 그리고 거주지를 프랑스로 옮기며 이혼녀로 살았지만 그녀는 돈과 권력이 배경이 되어서 파리 사교계에 으뜸가는 여인으로 새롭게 인생을 시작했습니다. 그러던 어느 날 친구를 따라 슈바이처의 강연을 들었는데 슈바이처 박사의 마지막 말에 충격적인 도전을 받았습니다.

"결국 우리의 삶은 마지막 이 한마디 질문 앞에 어떤 대답을 하느냐에 달려 있습니다. 당신의 삶은 섬김을 받고자 하는 삶이었습니까. 섬기고자 하는 삶이었습니까? 내 삶은 섬김을 받기 원하는 삶이었습니까? 아니면 하나님께서 우리에게 맡겨 주신 천하보다 더 귀한 우리 주변의 이웃들을 진지하게 섬기고자 하는 삶이었습니까? 이것으로 삶의 질이 결정됩니다."

이 강연을 듣고 며칠 동안 고민하던 메리언은 아프리카에 슈바이처를 찾아가서 간호 보조사로 일할 것을 요청했습니다. 그리고 평생 동안 흑인들을 가슴에 품고 사랑하며 상처를 치료하면서 섬김의 삶을 살았습니다. 메리언은 뉴욕에서 눈을 감았지만 그의 기념비는 아프리카의 병원 옆에 세워졌습니다. 그 비문에는 '모든 것을 바쳐 이웃을 섬겼던 하나님의 딸 메리언'이라고 기록되어 있습니다. 메리언은 모든 것을 바쳐서 이웃을 섬기며 아름다운 헌신적인 삶을 살았습니다.

우리들은 화평하게 하는 자로서 하나님의 나라가 이 땅에 이루어지도록 내 삶의 자리에서 화평을 만들어 가고 화평을 심어 가는 자가 되어야 합니다. 그리할 때 하나님의 아들이라 인정을 받는 복 있는 사람이 될 뿐 아니라 아들 된 우리를 통하여 하나님의 나라가 증거 되고 세워져 갈 것입니다.

여덟 번째 복

"의를 위하여 박해를 받은 자는 복이 있나니
천국이 그들의 것임이라"

Μακάριοι οἱ δεδιωγμένοι ἕνεκεν δικαιοσύνης,
ὅτι αὐτῶν ἐστιν ἡ βασιλεία τῶν οὐρανῶν.

마카리오이 호이 데디오그메노이 헤네켄 디카이오쉬네스
호티 아우톤 에스틴 헤 바실레이아 톤 우라논

창문 열기

　여덟 번째 복인 "의를 위하여 박해를 받은 자는 복이 있나니"에서 '의'는 예수님을 가리킵니다. 즉, 예수님의 말씀대로 순종하며 신앙인으로 살아가면서 받게 되는 고난과 어려움을 말합니다. 예수님 때문에 받는 박해는 제자 됨의 기준이고 조건이라 말할 수 있습니다. "천국이 그들의 것임이요"는 장차 받게 되는 미래적인 복과 함께 현재에도 이루어진 복을 말합니다.

　예수님은 우리에게 영원한 천국의 복을 주시기 위해서 오셨습니다. 천국은 하나님의 통치가 완성되어 있는 장소이고 우리 모두에게 가장 영광스러운 약속이며 행복한 기업입니다.

의를 위하여
박해를 받은 자는 복이 있나니
천국이 그들의 것임이라

의를 위하여 박해를 받는 자는

국어사전에서 '박해'迫害란 '약한 처지의 개인이나 세력을 억누르거나 괴롭혀 해를 끼침'이라고 말합니다. 위키 백과사전에서는 '개인이나 집단이 개인과 또 다른 집단에 의하여 조직적으로 학대받는 것'이라고 합니다. 가장 흔한 형태는 종교적 박해, 인종적 박해와 정치적 박해이며, 고통을 가하고, 괴롭힘, 고립, 투옥, 두려움의 박해가 발생하는 경우에 생기는 모든 요소들을 박해라고 합니다.

팔복의 "의를 위하여 박해를 받은 자는"에서 '의'란 예수님을 가리키고, '위하여'는 '때문에'라는 뜻입니다. 즉, '의를 위하여 박해를 받는 자'란 예수님 때문에 모욕을 당하고, 온갖 나쁜 말을 듣고, 매를 맞고, 감옥에 갇히고, 순교하는 일들을 말합니다. 즉, 박해를 받게 된 사람이 복이 있는 것이 아니라 의를 위하여 박해를 받는 자가 복이 있다는 말씀입니다.

 헬라어로 '박해'란 '디오코'Dioko인데 '쫓아가다', '힘쓰다'. '박해하다'라는 뜻을 가지고 있습니다. 쫓아가서 집요하게 괴롭히는 것을 말합니다. 원뜻은 교회에 나가지 못하게 하거나 선한 일을 하지 못하도록 방해하는 정도를 넘어서서 말씀과 연관되어 있는 단어로 '말씀을 박해한다'는 의미입니다. 즉, 말씀을 가진 자를 박해하는 것으로 볼 수 있습니다. 말씀을 추구하며 살아가는 사람이 말씀이 없는 자로부터 박해를 받으며 살아가게 됨을 말합니다.

마태복음 5장 11절
"나로 말미암아 너희를 욕하고 박해하고
거짓으로 너희를 거슬러
모든 악한 말을 할 때에는 너희에게 복이 있나니."

디모데후서 3장 12절
"무릇 그리스도 예수 안에서
경건하게 살고자 하는 자는
박해를 받으리라."

우리가 그리스도인으로서 경건하게 살려고 하면 박해를 받는 것은 당연한 일입니다. 우리가 빛이고 세상은 어둠이기 때문에 빛의 자녀들을 박해하는 것입니다. 세상 사람들은 하나님 나라의 가치를 싫어합니다.

우리들이 의를 위하여 박해를 받고 있다는 것은 우리가 예수님 안에 있다는 증거이며, 믿음을 지키기 위해서 내가 가진 모든 것을 내려놓음을 의미합니다. 즉, 자기의 모든 것을 내려놓고 예수님과 함께 십자가에 못 박으며 제자의 삶을 살아가는 것이 의를 위하여 박해를 받는 자의 모습입니다.

우리는 말씀에 순종하고 신앙인답게 바르게 행하며 살아가면서 당하는 환난이나 박해와 고난을 기쁘게 받을 수 있어야 합니다. 그 고난은 우리에게 유익이 되고 복이 됩니다. 예수님 때문에 받는 박해라면 기쁘게 여기고 즐거워함으로 받을 수 있어야 합니다.

> 마태복음 5장 12절
> "기뻐하고 즐거워하라
> 하늘에서 너희의 상이 큼이라
> 너희 전에 있던 선지자들도 이같이 박해하였느니라."

천국이 그들의 것임이라

마태복음의 '천국'과 누가복음에서 '하나님 나라'는 같은 의미입니다. 천국은 하나님과 영원히 함께하는 영광의 나라입니다. 하나님의 사람들이 이 땅을 떠난 뒤에 가게 되는 곳으로 하나님의 위로와 사랑 안에 살아가는 곳입니다. 예수님은 우리에게 영원한 천국을 주시기 위해서 오셨습니다. 하늘과 땅에 영원한 행복을 주시기 위해서 오셨습니다. 천국은 가장 영광스러운 약속이고 희망이며, 하나님의 완전한 통치가 이루어진 장소를 말합니다.

> 요한계시록 21장 4절
> "모든 눈물을 그 눈에서 닦아 주시니 다시는 사망이 없고 애통하는 것이나 곡하는 것이나 아픈 것이 다시 있지 아니하리니 처음 것들이 다 지나갔음이러라."

> 요한계시록 22장 1-2절
> "또 그가 수정 같이 맑은 생명수의 강을 내게 보이니 하나님과 및 어린 양의 보좌로부터 나와서 길 가운데로 흐르더라 강 좌우에 생명나무가 있어 열두 가지 열매를 맺되 달마다 그 열매를 맺고 그 나무 잎사귀들은 만국을 치료하기 위하여 있더라."

> 요한계시록 22장 5절
> "다시 밤이 없겠고 등불과 햇빛이 쓸데없으니
> 이는 주 하나님이 그들에게 비치심이라
> 그들이 세세토록 왕 노릇 하리로다."

천국의 아름다움과 행복은 성경 전체 구절들을 다 찾아서 표현해도 표현할 수 없는 영광의 나라입니다.

팔복의 첫 번째인 심령이 가난한 자에게 주어지는 복과 여덟 번째인 의를 위하여 박해를 받는 자에게 주어진 복은 같습니다. 그러나 심령이 가난한 자에게 주어지는 천국이 구원을 받아 가는 포괄적인 의미라면, 의를 위하여 박해를 받는 자의 천국은 하나님께 더 큰 영광을 돌린 만큼 헤아릴 수 없는 상급과 면류관이 예비된 새 예루살렘에서 해처럼 빛나는 영광의 자리라고 말할 수 있습니다.

> 고린도전서 15장 41절
> "해의 영광이 다르고 달의 영광이 다르며
> 별의 영광도 다른데 별과 별의 영광이 다르도다."

여덟 번째 복에서 천국은 의를 위하여 박해받는 자에게 주어진 천국에 대해서 말씀하고 있습니다. 이 땅에서 의를 위하여 박해받는 것에 대한 장차 받을 거룩한 기업과 누릴 영광의 복을 말씀합니다.

우리가 천국을 소유하게 되는 복은 장차 받게 될 미래적인 복이지만 현재에도 이루어진 복입니다. 천국의 주관자이신 하나님은 이 땅 위에 모든 생명과 역사도 주관하시는 분이십니다.

한편 천국이 장소적인 의미와 다르게 표현될 때는 예수님을 구주로 영접한 사람들이 천국의 삶을 살게 된다는 의미고 우리의 심령을 천국이라고 부릅니다. "천국이 그들의 것임이라"는 현재와 미래에 누리게 될 영원한 복을 의미합니다.

팔복八福과 구복九福

팔복의 말씀이 기록된 마태복음 5장 3-10절에 이어 11-12절의 말씀을 포함하여 구복 설교라고 말하기도 합니다.

> 마태복음 5장 11-12절
> "나로 말미암아 너희를 욕하고 박해하고 거짓으로 너희를 거슬러 모든 악한 말을 할 때에는 너희에게 복이 있나니 기뻐하고 즐거워하라 하늘에서 너희의 상이 큼이라 너희 전에 있던 선지자들도 이같이 박해하였느니라."

11. Μακάριοί ἐστε ὅταν ὀνειδίσωσιν ὑμᾶς καὶ διώξωσιν καὶ ε ἴπωσιν πᾶν πονηρὸν καθ' ὑμῶν ψευδόμενοι ἕνεκεν ἐμοῦ·
마카리오이 에스테 호탄 오네이디소신 휘마스 카이 디옥소신 카이 에이 포신 판 포네론 카드 휘몬 프슈도메노이 헤네켄 에무

12. χαίρετε καὶ ἀγαλλιᾶσθε, ὅτι ὁ μισθὸς ὑμῶν πολὺς ἐν τοῖς οὐρανοῖς· οὕτως γὰρ ἐδίωξαν τοὺς προφήτας τοὺς πρὸ ὑμῶν.
카이레테 카이 아갈리아스데 호티 호 미스도스 휘몬 폴루스 엔 토이스 우라노이스 후토스 가르 에디옥산 투스 프로페타스 투스 프로 휘몬

이 말씀은 여덟 번째 복을 보충한 구절이기도 하지만 첫 번째 복에서 여덟 번째 복까지 전체를 보충하기 위하여 덧붙여진 내용이라고 볼 수 있습니다. 그렇다면 구복이 아닌 여덟 번째 복에 포함해서 보는 것이 자연스럽다고 할 수 있습니다.

그리고 첫 번째 복부터 일곱 번째 복까지는 하나님 자녀들의 인격적인 특성과 관련되어 있다면, 여덟 번째 복은 예수님 때문에 받는 박해로 예수님을 뜨겁게 사랑한 인격과도 관련되어 있지만 실상은 박해를 가하는 다른 사람과 연관되어 주어진 복이라고 할 수 있습니다.

"나로 말미암아"는 예수님 자신을 가리키고 있는 것으로 여덟 번째 복인 '의'가 예수님을 지칭하는 것처럼 동일한 의미를 가지고 있습니다.

"너희를 욕하고 박해하고 거짓으로 너희를 거슬러 모든 악한 말을 할 때에는 너희에게 복이 있나니"라는 말씀은 그 당시 초대교회 성도들이 당면한 고난과 억압과 박해 속에서도 미래에 주어질 천국의 소망을 가지라는 말씀입니다. 하나님의 영원한 복을 바라보라는 것입니다.

"기뻐하고 즐거워하라"에서 '기뻐하라'는 '카이로'Chairo로 마음 속에서부터 생겨나서 오는 행복의 상태를 말하고, '즐거워하라'는 '아갈리아오'Agalliao로 외부에서 넘쳐오는 희열로 흥겹고 만족한 감정을 말합니다. 예수님으로 인하여 받는 박해들은 고난과 절망에서 그치는 것이 아니라 장차 받을 영광과 기쁨으로 약속되어 있다는 말씀입니다.

"상이 큼이라"에서 '상'Reward으로 번역된 '미스도스'Misthos는 '보상', '품삯', '임금'이란 뜻으로 박해를 이겨 낸 공로에 대한 보상으로 '상이 주어진다'는 말씀입니다. 우리의 선한 행위와 섬김에 따라 공정하게 받을 보상으로 천국에서 크고 작은 상이 있다는 말입니다. 장차 성도가 천국에 들어가서 다른 사람들보다 많은 상을 받게 된다는 위로와 약속의 말씀입니다.

"너희 전에 있던 선지자들도 이같이 박해하였느니라"라고 했습니다. 우리가 '예수님을 믿는다'란 이유로 당하는 박해와 고난들은 예수님의 제자란 증거이며 천국을 소유한 자로 보장을 받는 확인서라고 할 수 있습니다.

> 요한복음 15장 18-19절
> "세상이 너희를 미워하면 너희보다 먼저 나를 미워한 줄을 알라
> 너희가 세상에 속하였으면 세상이 자기의 것을 사랑할 것이나
> 너희는 세상에 속한 자가 아니요
> 도리어 내가 너희를 세상에서 택하였기 때문에
> 세상이 너희를 미워하느니라."

우리가 예수님의 제자로서 세상에서 박해를 받는 것은 당연하며, 제자 됨의 기준과 조건이라고 할 수 있습니다. 박해를 받는 것은 이 땅 위에서 삶만이 아니라 천국을 바라보게 하고 그 나라를 위해 살게 합니다. 예수님으로 인하여 받는 박해는 천국을 소유한 사람들이 기뻐하고 즐거워해야 할 제자들에게 주어진 상급이고 복입니다.

행복한
사람들의 삶

　우리가 예수님의 거룩하신 뜻을 따라 살아가면서 박해를 받는 것은 이미 천국을 소유하였다는 증거입니다. 그래서 예수님은 박해를 받을 때, 천국이 내 안에 있고 내가 천국의 사람이라는 증거로 기뻐하며 즐거워하라고 말씀하십니다. 오늘 우리들이 편안한 가운데 신앙생활하고 있음은 박해 속에서 믿음을 지켜온 선조들의 열매임을 알아야 합니다.

　그리고 그 박해보다 위험한 것이 있는데, 그리스도인답게 살지 못함이 기독교의 위기임을 알고 세상과 구별된 거룩한 삶을 살아야 합니다. 또한 영원한 그 나라의 영광을 소망하며 천국을 사모하는 자로 살아갈 수 있어야 합니다.

　첫째, 오늘의 신앙생활은 박해의 열매임을 알라

우리가 그리스도인으로 사는 것 때문에 욕을 먹고 억울한 소리를 들을 수 있습니다. 그러나 믿음을 지키고 사명을 감당하기 위해서 받는 고난은 불행이나 비극이 아니며 복이라고 말씀합니다. 반면에 자기의 잘못과 실수와 허물이나 부주의하고 경솔한 행동으로 당하는 고난은 박해가 아니라 처벌입니다. 예수님을 믿고 말씀대로 순종하며 살아가는 데서 받는 고난을 박해라고 합니다.

우리는 그리스도인으로 살아가면서 세 가지를 각오해야 합니다. 첫째로 욕먹을 각오, 둘째로 미움과 시기와 질투 받을 각오, 셋째로 박해받을 각오를 해야 합니다. 그리고 사명자는 순교까지 각오해야 합니다.

기독교 복음의 역사는 평탄한 데서 되지 않았고 박해 속에서 성장했습니다. 박해를 받을수록 순수해지고 믿음이 성장하여서 정금 같은 하나님의 사람으로 거듭남으로 믿음의 역사를 이어 왔습니다.

A.D. 64년 무더운 여름 어느 날, 로마에 불이 났습니다. 뜨거운 화염이 6일간이나 도시 전체를 집어삼켰고, 매캐한 연기가 사라졌을 때에는 로마의 14개 행정구역 가운데 10개 구역이 시커먼 재로 변해 완전히 폐허가 되고 말았습니다.

그 당시 네로 황제는 화재가 발생했을 때 로마에서 멀리 떨어진 곳에 머물고 있었습니다. 그는 급전을 듣자마자 로마에 돌아와 소방대를 조직하여 진화에 힘썼고, 수천 명의 시민들을 궁정 정원으로 대피시켰습니다.

그러나 도시 재건이 시작될 무렵, 대부분의 로마 시민들은 황제가 통치를 잘못하여 그런 비극이 일어났다고 네로를 비난하기 시작했습니다. 네로가 심복을 시켜서 로마에 불을 지르게 했다는 소문까지 돌기 시작했습니다. 변덕스러운 네로가 마음 내키는 대로 도시를 재건하고자 불을 질렀다는 것입니다.

급기야 로마 시내가 불타고 있을 때, 네로가 한가롭게 궁정에 앉아 하프를 타고 있었다는 소문까지 돌아 민심은 더욱 흉흉해졌습니다. 세계 역사는 당시 화재는 기름 저장고에서 발생한 우발적 사고로 추정합니다.

네로는 사나워진 민심을 잠재우려 황실의 보석까지 시민들에게 나누어 주었지만 소문이 가라앉지 않았습니다. 이에 네로는 궁여지책으로 화재의 책임을 인기 없는 소수집단인 그리스도인들에게 뒤집어씌웠습니다. 그리고 그리스도인들을 가혹하게 박해하기 시작했습니다. 그리하여 그는 기독교 신앙을 최초로 박해한 로마 황제가 되었습니다.

유명한 성서학자이며 고고학자인 바클레이William Barclay, 1907~1978가 초대 교회가 얼마나 박해를 받았는지 소개하는 글

"신자가 당해야 했던 형벌은 필설로 형언할 수 없었다. 신자들이 사자들에게 던져지거나 불에 던져진 이야기는 이미 온 세상이 잘 아는 바이다. 그러나 이것은 오히려 나은 편이다. 그들은 심한 고통을 받았다. 네로는 신자들을 역청에 말아 산 채로 몸에다 불을 붙여 자기 정원을 밝히는 횃불로 사용했다. 그는 야생동물들의 가죽으로 옷을 만들어 신자들에게 입혀서 사냥개들을 풀어 그들을 찢어 죽이게 했다.

바늘 같은 것으로 온몸을 긁었고, 열로 녹인 쇳물을 부어 부지직부지직 소리나며 타게 했고, 시뻘겋게 타는 놋접시를 그들 몸의 가장 민감한 부분에 갖다 붙이기도 했고, 눈을 빼기도 했고, 몸의 일부분을 잘라서 굽기도 했고, 고통을 길게 하기 위해 손과 발을 태우며 몸에는 찬물을 끼얹기도 했다. 이런 것들은 생각조차 하기 무섭지만 그리스도를 믿기로 작정하게 되면 이런 것들을 각오해야 했다."

초대교회 당시 기독교 성도들은 붙잡혀서 박해를 받고 짐승

의 밥이 되어 고통 속에서 순교하면서도, 그들은 어떻게 하면 이 고통과 박해 속에서 신앙이 변질되지 않도록 지킬 수 있을까를 기도하고 다짐했습니다. 그것이 그들의 그들의 기도였고 삶이었습니다.

기독교인들은 로마 정부와 황제들에게 300여 년 동안이나 박해를 받으며 굴을 파고 숨어서 신앙생활을 한 것이 카타콤 Catacomb입니다. 카타콤은 거미줄처럼 얽힌 지하 동굴이 수백 킬로미터에 이릅니다. 초기 그리스도인들은 300년 동안 대대로 지하 동굴에 살면서 박해를 견뎠고, 잡히면 죽음을 당하면서도 믿음을 굳게 지키며 복음을 전파하였습니다.

A.D. 306년에 로마의 황제가 된 콘스탄티누스는 313년에 밀라노 칙령을 발표하여 기독교에 대한 박해를 중지하고 기독교를 국교화하며 기독교인들에게 자유를 선포했습니다. 또한 교회 건축을 위해 로마 정부에서 지원해 주고 일요일을 국가 공휴일로 제정하기까지 했습니다. 기독교가 로마의 국교로 되자 기독교는 로마를 중심으로 유럽과 전 세계로 선교가 확장되어 갔습니다.

이와 같이 기독교가 전 세계로 확장되어 가고 뿌리를 내리기까지는 수많은 성도들의 순교의 피가 온 땅을 적셨습니다. 그들은 예수님 때문에 박해를 받고 순교했으며 오직 예수님을 위해서 살기도 하고 죽기도 했습니다.

우리 조선 땅에 최초로 복음이 들어왔을 때도 신앙의 선배들이 얼마나 박해를 받았는지 모릅니다. 기독교는 조선의 유교문화와 충돌하면서 많은 신앙인들이 순교의 잔을 마셨습니다. 한국전쟁과 일제 식민지 아래에서도 신사참배 반대로 수많은 성도들이 순교했습니다.

예수님 전사들의 수칙

북한 지하교회 성도들이 모일 때 가슴에 손을 얹고 하는 고백문

1. 예수 믿는 사람은 천대받게 되어 있다.
   그것이 긍지요, 기쁨이다.
   예수 믿는 사람은 고난당하게 되어 있다.
   이것이 우리의 영광이요, 승리이다.
2. 칭찬받는 것보다 욕먹는 것을 먼저 배워라.
3. 우리 예수 믿는 사람은 인민의 눈물을 닦아 주고 서로의 눈물을 닦아 주며 주위의 모든 고통당하는 자들의 위로자가 되어야 한다.
4. 사랑이 사랑을 낳고 또 그 사랑이 새로운 사랑을 낳고, 그 사랑으로 인하여 많은 사람들을 예수님의 전사로 만

들어야 한다.

5. 성경이라는 잣대로 자기 먼저 살아야 한다.

신앙생활을 한다는 것은, 초대교회부터 역사적 순간마다 죽음을 각오해야 할 만큼 어려운 일이었습니다. 사실 우리들의 믿음 생활은 믿음의 선조들과는 비교하기조차 부끄럽습니다. 오늘날 교회에 다닌다 하여 목숨을 담보하고 믿음 생활을 하는 사람은 거의 없을 것입니다. 우리가 편안하게 신앙생활을 하는 것은 믿음을 지켜온 선조들의 순교의 열매임을 기억해야 합니다.

둘째, 그리스도인답게 살지 못함이 박해받는 것보다 위험하다

우리가 오늘날 그리스도인답게 살지 못하는 것이 박해를 받는 것보다 더 위험합니다. 초대교회 때 기독교 복음의 중심이 예루살렘에서 안디옥으로 옮겨지면서 예수님을 믿는 사람들이 그 지역에 있는 이방 사람들로부터 '그리스도인'이란 별명을 얻었습니다. 그들은 예수님을 믿고 따르면서 예수님의 인격적인 삶을 보여 주는 존재가 되었습니다. 그래서 그리스도인으로 불린 것입니다.

그리고 복음이 전 세계로 전해지면서 성도라는 이름으로 불리기 시작했습니다. 예수님을 믿고 따르는 사람들은 거룩한 사람들로 세상 사람들과 구별되어 왔습니다. 앞으로도 신앙인은 구별되어야 할 존재임을 인식하고 살아야 합니다.

세상에서 믿지 않는 사람들은 '과연 믿는 사람들과 믿지 않는 사람들의 다른 점이 무엇이냐?'라는 말을 많이 합니다. 그래서 구차하게 '그래도 믿지 않는 사람들보다 믿는 사람들이 더 착하고 선하게 양심적으로 살아가지 않느냐?' 더 나아가서 '그 사람은 예수님 안 믿었으면 더 나쁘고 악하게 살아갔을 텐데 그나마 예수님 믿어서 그 정도 살아가고 있다'라며 변명을 합니다. 틀린 말은 아니지만 성도와 비성도를 구별할 만한 기준이 별로 없다는 사실은 불행한 일입니다.

현재 대한민국의 성도들과 교회는 세상 사람들이 '그리스도인이 저렇게 살면 안 된다' 하며 비난하고 손가락질하며 염려하는 가슴 아픈 공동체가 되었습니다. 우리는 이러한 세상 속에 구별된 신앙인의 정체성을 가지고 거룩한 선을 지키고 살아야 합니다. 우리의 생각과 행동이 달라져야 합니다. 더 나아가서 세상 속에 옳은 길을 제시해 주어야 할 책임과 사명의식을 가지고 살아야 합니다. 설령 이러한 일들 때문에 어려움과 박해를 받는다 하더라도 거룩하게 살려는 의지를 가지고 그 영광스러운 책임을 포기하지 않고 감당해야 합니다.

쉽게 망치는 방법

아름다운 화단을 망치려 할 때 불을 지르거나 제초제를 사다가 뿌리지 않아도 됩니다. 그냥 가만히 내버려 두면 얼마 못 가 온갖 잡초들이 무성하게 자라서 망치게 되어 있습니다.

어떻게 하면 자신의 인생을 철저하게 망칠 수 있을까도 고민할 필요가 없습니다. 방탕하게 술과 담배로 자신의 건강을 망치고, 도박을 벌이며, 마약을 사다가 맞으면 확실하게 망쳐지겠지만 그렇게 수고할 필요가 없습니다. 아무 계획도 없이 세우지도 않고 그저 가만히 무위도식하기만 하면 인생은 충분히 쉽게 망가집니다.

우리의 신앙도 하나님을 대적하고 성경을 불태우고 비방하며 악한 말로 대적할 필요가 없습니다. 마치 하나님이 안 계신 것처럼, 자신이 영혼이 존재하지 않는 것처럼, 영원한 하나님의 나라가 없는 것처럼 신앙생활을 하면, 그냥 되는 대로 가만히 있기만 해도 영혼이 멸망할 것입니다.

그러나 지혜로운 사람은 자신의 영원한 미래를 생각합니다.

오늘날 우리는 박해가 없는 세상의 편안함 속에서 거룩한 성도로서 정체성을 잃어버리며 살아가고 있지 않는지 점검해 보아야 합니다. 중요한 것은, 우리가 세상에서 누리는 온갖 편안함 때문에 천국을 사모하지 않을 수도 있지만 우리 인생이 나그네에 불과하다는 사실과 죽음 이후에 심판이 있음을 기억하는 일입니다.

우리는 주님 앞에 설 때까지 내가 가진 물질과 좋은 위치와 명예와 권력과 모든 것들로 주님의 이름을 드러나게 하고, 하나님 나라의 영광을 위하여 더 많이 헌신하고 섬기면서 내 짧은 인생이 쓰임 받도록 살아야 합니다. 어느 날 어떤 모습으로 하나님 앞에 부름을 받아 설 것인가를 생각해야 합니다. 그러므로 주를 향한 열린 영혼을 가지고 날마다 신앙의 절정에 있어야 합니다.

우리가 영혼의 때를 위해서 복음을 전하고 헌신하며 몸부림치면서 신앙생활을 한다면 어려움과 박해를 받기도 할 것입니다. 거기에서 오는 어려움과 박해를 기쁨으로 여겨야 합니다. 우리들은 이 시대에 구별된 거룩한 성도로서 몸부림치는 자가 되어야 하고 하나님의 나라를 위하여 박해받을 각오와 사명을 감당함으로 복 있는 사람이 되어야 합니다.

셋째, 천국을 사모하라

예수님께서 이 땅에 와서 전하신 복음은 천국 복음이었습니다. 천국 복음은 이 세상에서의 형통과 복도 포함되지만, 성경에서 말씀하시는 천국 복음은 이 세상을 넘어서서 그 나라에서 주님과 영원히 함께 하는 것입니다. 믿음의 선조들은 천국 복음이 있었기에 이 땅에서 수많은 고난과 역경을 이기고 승리할 수 있었습니다.

천국은 하나님이 우리를 위해 예비하신 가장 소중한 선물입니다. 우리가 이 땅에서 주님을 사랑하고 믿음 안에서 살아가는 삶은 바로 천국을 갈망하는 마음입니다. 우리들이 세상 속에서 추구하는 것들은 그 어떤 것도 영원히 내 것이 될 수 없습니다. 그러나 믿음의 생애를 살아가는 것만이 이 땅에서도 천국에서도 영원히 내 것이 됩니다.

주일이면 나를 이 땅에 보내시고 내 생명을 주관하시는 하나님을 경외하며 예배에 자리에 나와서 말씀 듣고, 기도하고, 찬양하고, 봉사하고, 섬김의 삶을 사는 것이 가장 잘 사는 것이며 행복한 일입니다. 천국을 사모하는 사람은 주를 향한 마음이 흔들리지 않습니다.

전남 영광군에 가면 염산교회와 야월교회가 있습니다. 미국의 남장로교에서 파송한 유진벨 선교사한국명 배유지는 1895년 입국하여 1897년 항구도시인 목포에 선교부를 설립했습니다.

유진 벨Eugene Bell, 배유지, 1868~1925

언더우드 선교사26세와 아펜젤러 선교사27세가 1885년 4월 5일 부활절에 인천 제물포항을 통해 조선 선교의 첫발을 내딛었습니다. 언더우드는 1891년 첫 안식년을 맞이하여 미국으로 건너가 조선 선교의 필요성을 강조하였고, 1892년 미국 남장로교회에서 선교사 7명을 파송하였습니다전북지역. 그리고 1895년 4월 9일 유진벨 선교사27세와 오웬Clement Carrington Owen, 오기원, 1867~1909 선교사31세를 제2진으로 파송하였습니다전남지역.

전남지역 선교가 시작된 것은 1896년에 나주 선교지가 결정되고부터였는데, 당시 나주는 중심적인 큰 성곽도시로서 선박이 왕래할 수 있는 좋은 위치에 있었습니다. 그러나 나주는 보수적인 양반 세력의 완고한 반대로 선교지를 다른 곳으로 물색해야 했고, 그렇게 선택된 곳이 목포였습니다. 목포에 선교지 개설이 결정된 후 유진 벨 선교사와 오웬 선교사는 교회 개척과 교육 활동을 시작하였습니다.

유진 벨 선교사가 목포영흥학교1903.9.9 – 영흥중·영흥고와 목포정명학교1903.9.15 – 정명여중·정명여고를 설립하였습니다. 오웬 선교사는 목사이며 의사로서 삶의 마지막 해에도 13개 군을 담당하며 한 달 이상씩 전도여행으로 집을 떠나 있을 정도로 지칠 줄 모르는 순회 설교자였습니다.

미국 남장로회 한국선교회는 1904년 3월 광주에 새로운 선교부 설치를 결정하고 배유지 목사에게 책임을 맡겼습니다. 1904년 12월 20일에 이사를 하고 12월 25일 성탄절예배를 드렸는데 구경꾼들을 포함하여 200명 가까이 참여하였습니다. 이것이 광주지역 최초 교회인 현, 광주제일교회입니다1922년 광주중앙교회, 1924년 광주양림교회 분립. 유진 벨 선교사는 광주에 숭일학교1907.3.5–숭일중·숭일고와 수피아여학교1908.4.1–수피아여중·수피아여고를 설립하는 등 교육과 의료 활동1905년 기독병원 설립에 관여함 및 교회 개척50여 교회 설립에 힘썼습니다. 그는 30년간 선교하고 1925년 9월 28일 57세에 하나님의 부르심을 받았고 광주광역시 호남신학대학교 뒷산에 묻혀 있습니다.

배유지 선교사의 딸인 인사례Charlotte Bell, 1899~1974, 전주기전학교 7대 교장와 결혼한 인돈William Alderman Linton, 1891~1960, 전주기전학교 5대 교장, 전주신흥학교 5대 교장, 한남대학교 설립은 21세에 한국에 들어와 48년동안 의료와 교육에 눈부신 활약을 하며 500여 교회를 세웠고, 그의 아들 인휴Hugh M. Linton는 전라남도의 섬 오지와 산간벽지를 순회하며 600여 개의 교회를 세웠습니다. 또한 국가보훈처에서는 2022년 3월 인돈을 독립운동가로 선정하였습니다. 지금도 5대에 걸쳐서 후손들이 한국 선교에 거룩한 열정을 가지고 섬김의 삶을 다하고 있습니다.

배유지 선교사는 선박을 이용하여 북쪽으로 올라가며 복음을 전파했습니다. 그러던 중에 영광군 염산면 야월리에 도착하였습니다. 그러나 이미 그곳은 교회 없이 예배드리는 신앙인들이 있었습니다. 그래서 1908년 교회를 설립하여 '염산교회'라고 이름을 붙였습니다. 이후 1939년에 염산면에 있던 염산교회가 이전하였고, 그대로 남아 있던 교회는 1947년 마을 이름을 따서 '야월교회'라고 이름을 지었습니다.

그 교회의 성도들은 일제강점기에도 믿음으로 박해를 이겨내며 광복을 맞이하였고 신앙의 자유를 누렸습니다. 그러나 6·25 한국전쟁으로 야월리를 점령한 공산당들은 인민재판을 하며 자기들에게 동조하지 않는 야월교회 성도들을 중심으로 처형하고자 했으나 계획대로 되지 않았습니다. 그러다 영광군에 군인이 진군해 들어왔을 때 퇴각하지 못한 공산당들이 교회에 불을 지르고 교인들을 죽창과 몽둥이와 칼로 찌르고 때려서 죽이는 참상을 벌였습니다. 그것만이 아니라 그곳 바닷가 수문통 앞에서 예수님을 믿는 사람들을 잡아서 목에 돌맹이를 달아 수장시켰습니다.

그들은 천국을 바라보며 마지막까지 찬송을 부르다가 순교의 제물이 되었습니다. 순교한 성도 중에는 젖먹이 동생을 업은 소녀가 있었는데, 순교하러 가면서 우는 동생에게 "울지 마, 울지 마, 울지 마라… 우리는 지금 천국으로 가는 거야"라며 달랬다는 가슴 아픈 이야기가 남아 있습니다.

우리가 살아가는 이 세상은 죽는 날까지 눈물과 한숨과 고통과 탄식이 끊임없이 일어납니다. 하지만 천국을 사모하며 살아갈 때 그리스도 안에서 산 소망으로 힘 있게 살아갈 수 있습니다.

하늘에 둥그런 달이 환하게 떠 있는 어느 날 밤, 연못가에 두 사람이 앉아 있었습니다. 잔잔한 연못 위에도 달의 모습이 아름답게 비쳤습니다. 그때 두 사람 가운데 한 사람이 돌멩이를 들어 연못 속에 던지자 순식간에 물결이 일면서 아름답던 달의 모습이 사라져 버렸습니다. 그것을 보고 옆에 있는 사람이 버럭 화를 내었습니다. "너 때문에 달이 깨지고 말았잖아." 그러자 돌멩이를 던진 친구가 대수롭지 않게 대꾸를 했습니다. "달이 깨지다니 무슨 소리야? 고개를 들어서 하늘을 봐. 여전히 아름답게 떠 있잖아." 사실 하늘에 있는 달이 깨진 것이 아니라 연못에 물결이 일어났을 뿐입니다.

우리는 이와 같이 본질을 못 보고 가끔 눈에 보이는 현실의 모습과 모양이 달라졌다고 불평과 짜증으로 외면을 합니다. 그러나 이 세상을 살아가다 보면 이런저런 삶의 파편과 환난의 바람 때문에 우리 마음속에 물결이 일어나면 예수 그리스도는 영원토록 동일하신 사실을 망각하면서 살 때가 많습니다.

그러나 기억해야 합니다. 예수 그리스도는 어제나 오늘이나 영원토록 동일합니다. 우리를 향하신 그의 사랑은 어떠한 처지에서라도 변함이 없으십니다. 우리의 소유와 고통과 아픔에 따라서가 아니라 영원히 변하지 않는 그 나라와 영광을 소망하며 천국을 사모하는 자로 살아야 합니다.

인생이란 아름다운 작품

옛날 한 나라를 다스리던 왕이 유명한 건축가에게 새로운 왕궁을 건축할 것을 지시했습니다. 왕궁을 설계한 건축가는 왕궁의 각 방에 설치할 거울을 먼 다른 나라에서 가져오게 했습니다. 그런데 운반 도중에 유리는 모두 산산조각이 나 버렸습니다. 건축가는 매우 실망하고 안타까웠지만 작업자들에게 유리 조각을 모두 버리라고 했습니다.

그때 한 남자가 큰 소리로 말했습니다.

"어쩌면 거울이 깨져 있기 때문에 더 아름다울지도 모릅니다."

그는 깨진 거울 유리 조각들을 벽이나 창에 붙이자는 제안을 했습니다. 건축가는 고심 끝에 그 제안을 받아들이기로 했습니다. 깨진 거울 유리 조각으로 아름다운 무늬를 만들어 왕궁의 벽, 창, 기둥 등에 붙이기 시작한 것입니다. 그러자 깨진 거울 유리 조각마다 빛이 여러 방향으로 반사되어 눈부시고 찬란한 왕궁이 만들어졌습니다.

우리들은 어느 누구도 완성된 인생을 살지 않습니다. 우리의 삶도 때론 깨진 유리 조각처럼 산산조각이 날 때가 있습니다. 삶에 왜 깨진 조각이 없겠습니까? 그것도 바싹 깨져서 내 인생의 얼굴도 보기 어려운 거울도 있습니다.

> 우리는 누군가의 인생의 거울이 더 귀하고 덜 아름답다고 말할 수 없습니다. 때로는 부모님과 남편, 아내, 자녀, 이웃으로부터 완전히 깨져 버린 한 조각 한 조각의 유리 조각들로 남을 수 있지만, 하나님은 그 조각들을 모아서 인생이란 작품을 왕궁처럼 빛나고 아름답게 만들어 가십니다.

종교 개혁자 칼빈John Calvin, 1509~1564은 세상을 떠날 때 로마서 8장 18절에 "현재의 고난은 장차 우리에게 나타날 영광과 비교할 수 없도다"라는 이 구절을 열여섯 번 고백하다가 끝마디를 다 못 하고 세상을 떠났다고 합니다. 이처럼 칼빈은 천국을 소망하는 삶을 살았습니다.

천국은 장차 우리가 가게 될 예비된 곳이기도 하지만 이 땅에서 우리가 이루어가야 할 나라이기도 합니다. 우리는 천국을 사모하며 모든 영역에 하나님의 나라가 이루어지도록 끝까지 믿음의 선한 싸움을 해야 합니다. 장차 나타날 하나님 나라의 영광을 바라보고 천국을 사모하며 의를 위하여 사는 행복한 사람이 되기를 바랍니다.

부모님의 사랑에 감사드리며

작은 시골 마을, 산과 들에서 일평생 봄에 씨를 뿌리고 가을에 거두는 농부로 정직하게 사신 부모님,
이른 새벽부터 밤늦은 시간까지 논과 밭에서 몸부림치고 씨름 하신 부모님.
부모님께서 일구신 논과 밭은 단순한 곡식이 아닌
저와 동생들의 삶이었습니다.

추운 겨울에는 삼베 길쌈을 하며,
새벽 미명까지 물레를 돌리고 삼베를 짜던
어머니의 베틀 소리가 지금도 귓가에 울립니다.
어머니의 베틀은 삼베가 아닌 인생의 옷을 지어 주셨습니다.
그렇기에 오늘 제가 입고 있는 옷들과 쓰고 있는 연필 하나까지
모두가 부모님 희생의 열매를 받아쓰고 있을 뿐입니다.

저와 세 동생 모두가 대학에 다닐 때에는 그 많은 학비를 마련하시고 용돈을 주시면서도 많은 돈 주지 못해 미안하고 적은 돈 가지고 나눠 쓰느라 고생이 많다고 하신 말씀이 가슴에 사랑으로 남아 있습니다. 그래서 언제부터인가 한평생을 희생하며 사신 부모님의 거칠어진 손과 발을 죄송해서 볼 수가 없었고 차마 잡을 수도 없었습니다.

이렇게 행복 가득한 날에
이 세상에서 가장 아름다운 꽃들을 모을 수 있다면 모두 다
모아서 면류관을 만들어 드리고 예쁜 옷들도 만들어 드리며,
아름다운 꽃집도 지어 드리고 싶습니다.
이 세상에서 가장 맛있는 음식들을 모을 수 있다면
모두 모아 꽃으로 만든 아름다운 집에 가득 채워 드리고 싶습니다.

아버지! 어머니! 평생을 농부로 사시면서
주님께 드린 기도의 열매로 오늘이 있음을 감사드립니다.
그리고 세상에 그 많은 부모님 중에
저의 아버지 어머니가 되어 주셔서 감사드립니다.

부모님 결혼 50주년 금혼식을 축하드리며

– 아들 호진 드림 –

행복한 삶의 열매

하나님의 자녀로
세상 속에 구별된
삶의 바른 길 가게 하소서

예수님을 닮아
거룩한 삶의 소유자로
삶의 다름이 드러나게 하소서

성령님의 임재 안에
교회의 영광을 드러내는
행복한 삶의 열매가 가득하게 하소서

― 김호진 목사 ―

저자 **김호진**

김호진 목사는 연세대학교 대학원을 졸업하고
미국 풀러신학대학원에서 목회학 박사 학위를 받았습니다.
현재 전주기전여자고등학교 교목과
행복한사람들의교회 담임목사로 섬기고 있습니다.
믿음의 다음 세대를 세우고자 하는 꿈과 비전을 가지고
행복한 미래에 살고 있는 사역자입니다.

저서

《행복한 동행》(2013), 《행복한 만남》(2014)
《십계명_행복으로 가는 길》(2015), 《행복한 정원》(2016)
《사도신경_행복한 믿음의 고백》(2018)
《주기도문_행복한 사람들의 기도》(2019)
《팔복_행복한 사람들의 삶》(2022)

팔복_행복한 사람들의 삶

1판 1쇄 인쇄 _ 2022년 4월 9일
1판 1쇄 발행 _ 2022년 4월 19일

지은이 _ 김호진
펴낸이 _ 이형규
펴낸곳 _ 쿰란출판사

주소 _ 서울특별시 종로구 이화장길 6
편집부 _ 745-1007, 745-1301~2, 747-1212, 743-1300
영업부 _ 747-1004, FAX 745-8490
본사평생전화번호 _ 0502-756-1004
홈페이지 _ http://www.qumran.co.kr
E-mail _ qrbooks@daum.net / qrbooks@gmail.com
한글인터넷주소 _ 쿰란, 쿰란출판사
등록 _ 제1-670호.1988.2.27
책임교열 _ 김유미·이화정

ⓒ 김호진 2022 ISBN 979-11-6143-714-9 93230

책값은 뒤표지에 있습니다.
이 출판물은 저작권법에 의해 보호를 받는 저작물이므로 무단 복제할 수 없습니다.
파본破本은 구입처에서 교환해 드립니다.